フェスとデモを進化させる

「音楽に政治を持ち込むな」ってなんだ!?

大久保青志

OKUBO SEISHI

イースト・プレス

フェスとデモを進化させる

「音楽に政治を持ち込むな」ってなんだ!?

大久保青志

イースト・プレス

音楽と政治の平和なシナジーを目指して

2020年の早春、環境省の役人が5名、フジロック・フェスティバルを主催するスマッシュを訪ねてきた。僕はその現場にいなかったのだが、話を聞いてみたら「このたびウチに来た新しい大臣の小泉進次郎を、今年のフジロックに出演させたいと思いまして……」とのこと。差し出された名刺には「チーム・フジロック」と印刷されていて、やって来た5人のうち1名はフジロッカーだという。

僕がフジの中で主催しているジプシー・アバロン・ステージの「アトミック・カフェ」では、2019年に沖縄県知事の玉城デニーが出演したから、そのあたりのイメージに関心を持ったのだろう。「世界一クリーンなフェス」という部分を環境省は評価するということで、ちょうど若い大臣の誕生でもあるし、今後の政局を睨めばパフォーマンスとして出してみたいと考えるのも不思議じゃない。

実は過去、彼の父親である小泉純一郎に対しては、議員を辞めてから熱心な脱原発派になったというので、こちらから出演をオファーして断られたことがあった。だが息子の場合、現役の政治家となってくると話は難しくなってくる。どうしたって「集票のための人気取り」という匂いがしてきてしまう。

そこで、とりあえずスマッシュからの「こんな話が来たんだけど」という連絡には、冗談で返した。あくまで大臣が自前でチケットを買って普通に観客として会場に来たところを、たまたま舞台上から発見され、「あれ？　小泉くんじゃないの？　お父さんは脱原発だけど、あなたはどうなの？」って訊いてみたらどう答えるか――という形ならば誰もが納得の面白さなんじゃないですかってね。結局2020年のフジロックは延期になり、先方との話は立ち消えた。本人がフジのことをどう考えているのかもわからないし、仮に開催されていたとしても出演が決まることはなかっただろう。

そもそもスマッシュ代表である日高正博は、政治家をステージに上げるということは基本的に考えていない。いつだったか僕のほうから「保坂展人（現・世田谷区長）を呼ぼうか」と提案してみたけれど、「国会議員はいらない」とキッパリ言われたこともある。一度そういうことをやってしまうと、いろんな人が出たいという話になりそうで面倒だし、誰ならOKだけど誰はダメとか、どこで線引きするのかという問題が出てきてしまう。

例外的に、中越地震の被害にフジロックが寄付をした時、新潟県知事の泉田裕彦がお礼のスピーチで登壇したことはある。ちなみに2005年の中越地震での義援金の額は、フジロックがダントツで1位だった。すると、その半年後になぜか「金額の多寡で順位をつけるのは差し控えさせてください」って、急に県側が言い出したそうだ。「貢献度とは別に考えるべきだし、公表してもいいでしょう」と思うけど、「それはダメです！」って。

僕が村長を務めるNGOヴィレッジ（フジロックのジプシー・アバロンというエリアで、社会的諸団体がブースを出し、活動の発表をする場）に関しても、「政治面」に関わるものではなく、あくまで「社会面」についてのヴィレッジを作るという考え方に基づいてやっている。つまり「こういう問題があるから、みんなで考えたい」という「問題提起」まででであって、「そうした問題について言うことを聞いてくれる議員さんを、与党であれ野党であれ、応援しましょう」という「誘導」はできない。上からの政治活動ではなく下からの運動というところにこだわりたいし、押し付けるような形をとにかく避けたいんだ。

玉城デニーを呼んだのも、米軍基地など沖縄が抱えてきた問題について、無所属で党派性のない首長の立場から説明してもらいたかったからで、彼は現場で決して「いっしょに辺野古移転を反対してください」とは言わなかった。そういう事実があることを知ってほしいという姿勢だったね。

2019年のフジロック・フェスティバル3日目のジプシー・アバロン「アトミック・カフェ」には現役沖縄県知事の玉城デニーが登場。［写真：小野田麻里］

もともと2019年のアトミック・カフェでは辺野古の問題をやろうと考え、沖縄出身のアーティストを登場させる企画を進めていた。そこで、どうせなら知事にも出てもらえないかと思って問い合わせたところ、話を聞かせてくださいということになり、沖縄県庁までお願いしに行った。知事には「県民投票で辺野古への移転に対してノーという意志が示されたことや、7割の米軍基地を沖縄で受け入れている現状などについて話をしてほしい。フジロックに来てる若い人たちで、まだまだそういった問題について知らない人も多いだろうから」と伝えた。そのうえで「ご自身もバンドをやってるわけだし、せっかくだから1、2曲歌ってくれませんか？」と頼んでみたら、ぜひやりたいと快諾してくれたので、あらためて出演をオファーした。

公式発表は直前の7月くらいに出すはずだったのに、沖縄県庁では職員の皆さんに週1回のメッセージを知事本人から出す慣習があるらしく、そこでうっかり「フジロックからオファーがあったんで出ます」ってフライングで言っちゃったんだって。そしたら記者クラブが「なんなんだそれは！」って大騒ぎになり、沖縄タイムスに載ってしまった。スマッシュにも問い合わせが結構きて、「こちらとしてはオファーしたことは確かで、決まりましたら正式にプレスリリースします」と答えつつ、それからはもう大変だった。新聞・テレビ含め「取材させてくれ」って、結構な数のメディアが言ってきたよ。

当日、玉城デニーは、基地の問題や沖縄県としては政府とどういう話をしているかなど、とても客観的かつ丁寧に話してくれた。そしてトークに続いて、ボブ・ディランの「見張り塔からずっと」とクリーデンス・クリアウォーター・リバイバルの「雨を見たかい」をギターかき鳴らし熱唱。実はフー・ファイターズの曲をやりたくて練習したんだけど、どうもうまく弾けないので諦めたんだそうだ。アバロン・ステージには大勢の人たちが詰めかけ、しっかり知事の話に耳を傾けてくれていた。ステージを下りてからも、観客は彼を普通のアーティストに接するのと同じように受け入れていた。

その後、県議会では「なんのために行ったんだ」という質問が批判的な立場から出され、それには「沖縄県の立場を訴える全国ツアーをしていて、そうした活動のひとつだ」という答弁がなされた。予想されたことだから準備していたんだ。玉城デニー・バンドのメンバーが「いっしょに出て演奏したい」と言ってきた時、「ギャラは発生しませんし、バンドで出ちゃうとミュージシャンとしての扱いになっちゃうんで、それはどうですかね？」とお断りしたのも、そういうことだ。まずは政治家としての玉城デニーを呼んで、たまたま音楽好きだからプラスアルファで歌ってもらう形がいいでしょうってね。

核や平和を巡ってのカジュアルな討論場として醸成されてきたアトミック・カフェという場所に出るには、まずその人が伝えたいことを持っていなければならない。ずっと議題にしてきた反核というテーマにおいても、「そんなの間違った考え方だ」という意見の人がいれば、容赦なく論争してもらって構わない。原発賛成派の人だって出てくれるんだったら来てもらう。そこで議論するのも目的のひとつだからね。環境省からの売り込みであっても、人気取りのイメージ戦略ではなく、こちらが納得できるような意識が感じられれば真剣に対応できるはずだ。

僕自身はフジロックを代表しているわけではなく、単に日高の旧友でコーディネーターという立場であり、ＮＧＯヴィレッジの村長とアトミック・カフェの主催者でしかないけれど、とにかくフジロックを利用しようとする権力はお断りだし、こちらが集票に使われかねないような事態だけは勘弁してほしいと思っている。

こういう政治と音楽、ミュージシャンと政治的運動という関係には、長年かけて原則とリスク管理の感覚を培ってきた。例えば僕たちが主催し、東日本大震災の翌年２０１２年7月16日に代々木公園で行なわれた「さようなら原発」集会には10万人以上が集まったとされている。

言うとぎょっとされることの多い内田裕也のパーソナル・マネージャー時代を含め、大学生の頃から様々なライヴ企画をやってきて、「便利で使いやすい大久保さん」などと言われてきた。それはその通りかもしれなくて、だから何でもできた。

デビューしたてのユーミンを学園祭に呼んだこともそうだし、『ロッキング・オン』をはじめたこともそうだし、80年代は邦楽ロックと市民運動のモダナイズに明け暮れていた。

90年代の議員時代・秘書時代にはいろんなイベントの機会があるたびに企画から参加して、ロック・アーティストに声をかけ、来てもらっていた。そういうのは苦労とは思っていなくて、ただ楽しかったから、お金も度外視でやってきたことなんだけど、自分としては音楽も政治もデモもフェスも、みんなに開かれたものにするにはどうするか、それを第

2012年7月16日、代々木公園で行われた「さようなら原発10万人集会」。[写真:今井明]

一にしてやってきた。だから期せずしてそれぞれが繋がっている。

デモっていうものは、組合がらみの動員やただ難しいことをアジテートするだけじゃなく、もっと楽しくフェス化したほうがいいし、フェスはもっと政治色が強くていい。欧米に比べ日本は遅れているけど、デモはもっとポップに大衆化したパレードにして、ミュージシャンだってもっとカジュアルに政治参加をしていいのではないか。とにかく大勢の人が参加できるようなものにすべきだし、そうしなければ生き残っていけないんじゃないか?

音楽と政治はもっと平和なシナジーを築けるはずだと思って、この本を書くことにする。

もくじ

フェスとデモを進化させる

第2章

デモと政治をフェス化する

第3章

第4章

運動にはかっこよさと美しさが必要だ

第1章

音楽とフェスに社会的メッセージを

「社会性を持ったフェス」フジロックの立ち上げ

1997年に第1回フジロック・フェスティバルが開催される時、スマッシュ代表の日高正博から、「グラストンベリー・フェスティバルのように、NGOをフジロックにも呼びたい。ステージの合間に、観客に呼びかけるメッセージを出してくれるような活動団体を選んでくれないか」と声をかけられた。それで、WWFみたいな動物愛護団体とのコーディネーターを僕がやることになったんだ。自分は80年代から「アトミック・カフェ・ミュージック・フェスティバル」というイベントをやっていて、それをスマッシュに手伝ってもらっていたことが下敷きになった。

そもそも、フジロックのモデルになったイギリスのグラストンベリーは、CND（Campaign for Nuclear Disarmament）という反核運動団体を支援するためにはじめたフェスだ。だから、グリーンピースとかアムネスティ・インターナショナルとか、労働党の議員なんかが会場内で自分たちのメッセージをアピールしているのも普通の光景。それを見てきている日高には、フジも同じようにエンタメばかりではなく社会性を持ったフェスにしたいという気持ちがあった。

ただ、「グリーンピースとかアムネスティとかピースボートみたいな、大きな団体で資金もあるところについては、別にフジロックが応援しなくてもいいじゃないか」という考え方が根底にあるので、より小さめの団体を、重なりすぎないように、新規で登場してきたものとうまく組み替えていく形で呼んでいる。


最初のフジロックの時はとても急な話だったので、その後、第4回からはじめた「NGOヴィレッジ」みたいな形まではとれなかった。当時、これほど巨大な規模で行なわれる国内フェスは皆無だったし、まったくの暗中模索で何をどうしていいかわからなかったしね。1回目のフジはご存じの通り、当初2日間の予定だったのに台風で2日目が中止となってしまったから、結局NGO団体も1つしか出られなかった。

天神山の現場は大変なことになって、会場もゴミに覆われてしまい、国立公園の中だから「二度と使うのはまかりならん」と、環境庁が場所を貸してくれなくなった。まだ当時の僕は議員秘書をやっていたので、なんとか役人相手に話をつけられないかと一生懸命かけあってみたりもしたんだけど、「もう無理です」って冷たく言われたよ。

そこで新たな場所を探そうと、第一の候補地である朝霧高原を見に行ったりもした。2001年から朝霧ジャムが開催されることからもわかるように、あそこはロケーション的にはいいんだけど、何万人も入るフェスをやるには狭すぎた。あと牧場があって、その時は「牛ちゃんがいるから騒音は無理、搾乳に影響する」と言われてしまい、断念せざるを得なかった。

やむなく2年目は東京の豊洲で開催したら、狭すぎてNGOが何かするような場所が全然なく、唯一やれたのはマッサージルームのみ。昔スナフキンというイベントを主催するグループをいっしょにやっていた人間が、タイで本場のマッサージを学んできたので、そのテントをオープンすることしかできなかった。

次の年からはいよいよ新潟で開催。苗場スキー場は西武プリンスの持ち物で、向こうから誘致された流れで決まったこともあり、全面的に協力してくれる。ただ、ホワイト・ステージ近くの森だけ一部、林野庁が管轄しているところがあって、そこは西武が借りて使う形になっているから、木を切れるところと切れないところがある。プリンスの持っているエリアは必要ならば伐採することだって可能だ。

苗場に移って2年目には、いよいよNGO団体が活動アピールを行なうためのブースを並べる「NGOヴィレッジ」を作り、JVC（日本国際ボランティアセンター）とかを呼んで、

フジロック内にあるNGOヴィレッジ。［写真：小野田麻里］

そこの長を務めることになった。最初の何年間かは、毎日グリーン・ステージで一発目のアクトが演奏を開始する前にスピーチをしていたよ。「村長の大久保です。この奥のほうで様々な団体が出店していますので、ぜひ足を運んでみてください」とね。その後、だんだん定着してきたという判断から、舞台上から挨拶することはなくなった。セットチェンジの間にやっていたゴミゼロ・ナビゲーションなどの呼びかけも、現在はスクリーン映像で掲示するという形をとっている。

なぜ日本のミュージシャンは政治的発言を避けるのか？

ジャーナリストの津田大介をアトミック・カフェのナビゲーターに起用した理由は、80年代からずっとやってきて、関わる人間も高齢化してきたなか、続けていくにはもっと若い人たちに人気の人材を起用したほうがいいんじゃないかと思ったからだ。もともと彼はフジロッカーで毎年会場には来ていたし、非常に発信力を持っている人だし、それ以前に保坂展人のところでトークをしてもらったこともあった。彼のお父さんは、社会党の高沢寅男という代議士の秘書で、もともと本人も社会党にはシンパシーを持っていた。親父さんもお母さんも社会主義協会というところに所属する、社会党の中でも最左派の人たちで、僕は以前からよく存じ上げている。ただ、息子についてはメディアに出てきた時にはじめて知った。

これまでフジのアトミック・カフェに出てくれたミュージシャンや活動家の中で、政治家になっても面白そうな人は、僕の目から見た限り、あんまりいないかな。そういうパターンは喜納昌吉の失敗例もあるし。僕個人が彼に政治をやれって勧めたわけじゃないけど、保坂展人が喜納昌吉をずっとサポートしてた関係で、あの人のことはよく見ていた。

アトミック・カフェの司会は津田大介が務める。2015年にはTOSHI-LOWと細美武士が出演。the LOW-ATUSのライヴも行われた。［写真：小野田麻里］

で、彼は政治家になったことで名声を得たかっていうと、そうではないからね。

細美武士（ELLEGARDEN／the HIATUS／the LOW-ATUS／MONOEYES）なんかはすごく勉強していて原発についても詳しいし、社会的なアピールもしっかりしてるから、政治家としても面白いかもしれないけど、やっぱり違うだろうと思う。彼の立場は、ミュージシャンとして音楽の中で表現していくことでしょう。音楽家が政治家になることには、積極的な賛成はしないし反対でもない。政治家に適した人もいるだろうからね。

かつてRCサクセションの忌野清志郎が〝サマータイム・ブルース〟や〝ラヴ・ミー・テンダー〟で反原発を歌った時、原発反対運動をやってる人たちがみんな「素晴らしい！　ぜひ集会に来てもらいたい。なんとかしてくれないか？」って僕のところへ相談しにきた。僕自身はＲＣがまだフォーク・グループだった頃、ベースの小林和生と知り合って親しくしていた関係で事務所の人間とも交流はあったけど、清志郎本人がものすごくシャイだったこともあって、個人的なつきあいは特に深くはなかった。

それでも頼んでみると、彼は「表現として音楽業界の中で自分の言いたいことを歌ってはいるが、自分は決して活動家ではない。運動の中に入って歌うミュージシャンじゃないから断ります」っていう姿勢だった。まあ、旗印にされるような状況には、当然のように警戒感を持ったんでしょう。そういうものだと理解しないといかんですよと、いろんな運動家の人に言った覚えがある。もちろん、それでもなお忌野清志郎という人物が、日本のロック史上で最も強烈なメッセージの発信者であった事実は揺るがない。

長らく日本では、アスリートや芸人はもちろん、ロック・ミュージシャンですら、政治的なスタンスを表明することは、たとえオフであってもタブーとされる空気が強くあった。餅は餅屋ってことで、よくわからないことについては黙っておけという事なかれ主義の風土が明治以降ずっと醸成されていたからね。有名人についているスポンサーは余計な敵を作ってほしくないという思いがあり、所属事務所やレコード会社だって、クレームに対処するコストは計り知れないと感じていたはずだ。さらに興行屋にとっては、時の政権と仲良くしておけば少なからず便宜もあるのは自明なわけだから。ジャニーズや吉本興業の政権アシスト&フォローを見れば、それは誰でも気がつくだろう。

でも最近では、大坂なおみや小泉今日子が当たり前のように社会的なメッセージを発信したりして、いよいよこの構造が崩れつつあるのを感じる。CM好感度の高い女優から、脱原発を国際的に主張するようになった木内みどりとかもそうだ。そうした姿勢は絶賛され、一部から反感を買いながらも、僕たちが40年かけて少しずつ変えてきたものが、ようやく少しは形になってきたかなとも思う。

この変化の背景にあるのは文字通り人権意識。表現者もエンタメの商業者もまず、その前にひとりの人間だってこと。どんな職業でも、人間が感じていることが機械的な拝金主義とか合理性なんかで封殺されるべきじゃないでしょう。日本では人権というものはずっと金と結びつかない不便な概念という認識があったし、はっきり言ってめんどくさかったんだと思う。

日本初、政治と音楽の合体フェスティバル

では、2011年からフジロックの中で行なわれている「アトミック・カフェ」って、いったい何なのか。そもそものはじまりについて話してみたい。

1982年、米ソ冷戦下で核戦争への危機意識が高まり、世界的に反核運動が盛り上がっていた頃、『アトミック・カフェ』という反核映画が公開された。アメリカ人の映画監督ケヴィン・ラファティ、ジェーン・ローダーらは、1950年代の米政府による核兵器開発のドキュメントや、「核は安全だ」というキャンペーンに使われた政府広報のフィルムなどを素材にして、それを逆手にとったブラックユーモア的なドキュメンタリー映画に仕上げたのだ。

この作品を日本でも公開しようと、デザイナーや映画関係者、音楽関係者の中で上映運動が起きて、それをやったうちのひとりが藤川Q（理一）。藤川さんはSMSレコード（サウンズ・マーケッティング・システム。1978年にナベプロが西武百貨店、トリオと3社共同で設立）の宣伝課にいて、当時ロッキング・オンの営業担当だった僕は、広告のやりとりで知り合って仲良くなっていた。そこで彼から「こういう映画があるんだけど一緒にやらないか」と誘わ

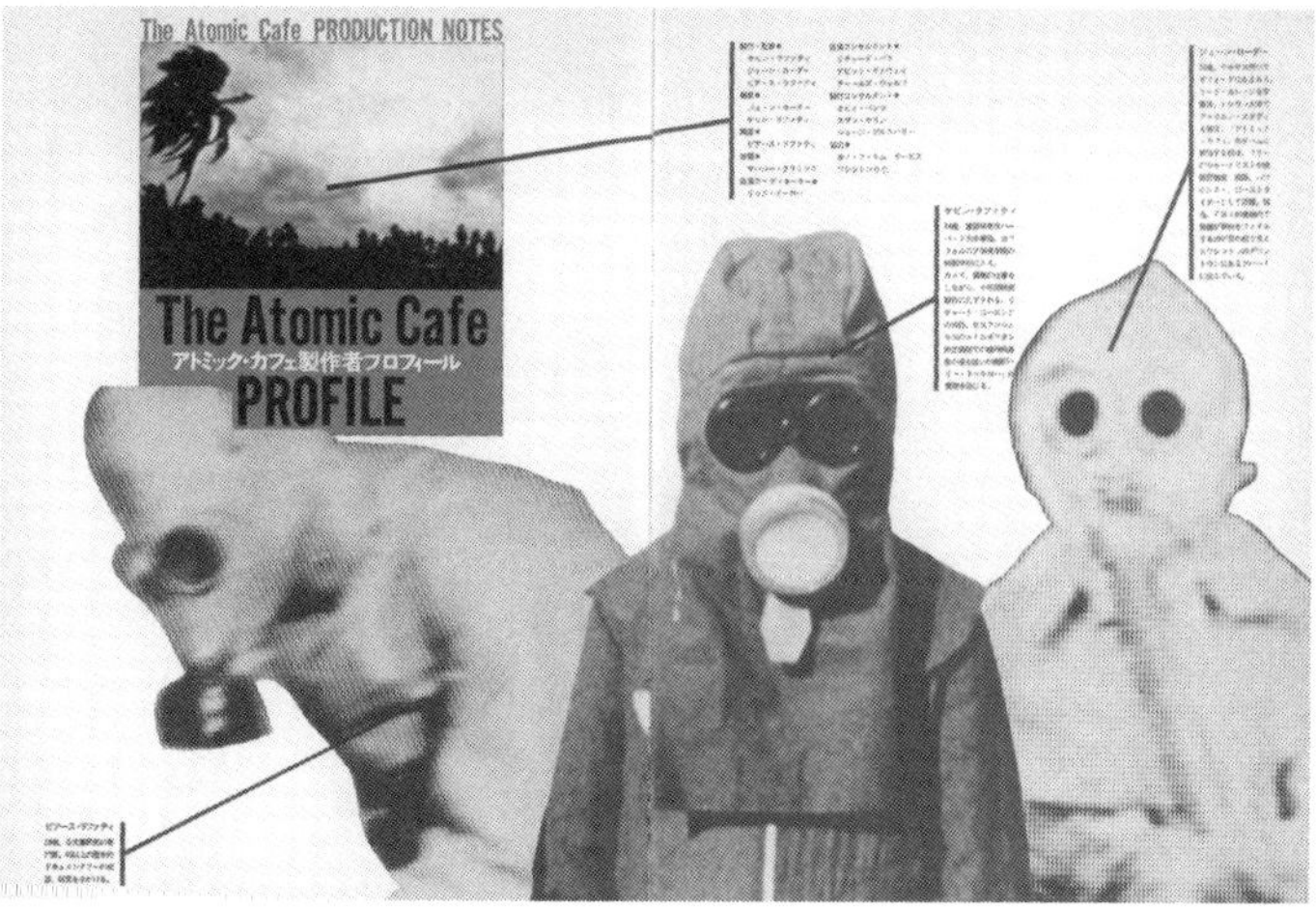

映画『アトミック・カフェ』のパンフレットより。

れ、手伝うことになる。映画『アトミック・カフェ』は翌1983年に日本公開された。

その上映運動を経て、『アトミック・カフェ』は映画という手法で反核を訴えたけれど、僕らは音楽の側にいるわけだから、音楽によって反核・反原発のメッセージを表現するイベントはできないものかと思うようになった。そして藤川さんや何人かの仲間と話し合って実現させたのが「アトミック・カフェ・ミュージック・フェスティバル」だ。

1982年には国際的な反核運動が盛り上がり、日本でも明治公園と代々木公園で大きな集会が行なわれた。そこで当時としては珍しい「集会の中にロック・バンドが出てきて演奏する」場面を観ていたこともあり、音楽業界に身を置く立場としては、やっぱりライヴ・イベントをやろうと思い立った。

そして「音楽を通じて反核を訴えよう」という主旨のもと、1984年の夏、日比谷野外音楽堂で第1回アトミック・カフェ・ミュージック・フェスティバル開催。8月6日にこだわり、直前の土曜である8月4日に実施した。明確に反核という政治的メッセージを打ち出した音楽イベントは日本初だったはず。司会も僕が自分でやった。夏だから人前にTシャツ・短パンで出ていって、あとで写真を見たらちょっと恥ずかしかったけど。そういうことまでやったのは、その時がはじめてだったかもしれない。

先に書いたように「ヘタに運動なんかと関わったら変な色がついちゃう。自分の純粋性が失われてしまう」という雰囲気が強かったので、第1回アトミック・カフェ・ミュージック・フェスティバルでは、まず呼びかけに応えて出てくれるミュージシャンを口説くのが大変だった。興行的にも成功しないと続けられないと思っていたし、ミュージシャンに対して明確に反核のメッセージを求めるのは無理だろうとわかっていたから、「自分たちのステージで、そういうことを表明してもらってもいいし、何もメッセージを出さずに、単に企画に賛同したので出ましたよっていうことだけでもいい」と話した。だから、その部分を補完するために、ステージ転換の間、活動家の人たちからメッセージを発してもら

1984年8月4日、日比谷野外音楽堂で第1回アトミック・カフェ・ミュージック・フェスティバル開催。

う構成にした。後にフジロックでも行なう方式の原型がここにあったと言える。市民運動をしてる人たちの中にも、日本語で反核を歌うフォークをやってるから演奏したいっていう人たちがいたんで、プロのミュージシャンの間に10分くらい出したりして、落差が面白かったな。

浜田省吾は正面から主旨に賛同して出てくれた。彼は広島出身で被爆二世だし、アトミック・カフェ出演後には浜名湖で浜岡原発反対のコンサートもやっている。あとは、加藤登紀子、ザ・ルースターズ、白竜、そして尾崎豊といった人たちが参加してくれた。おかげで第1回はなんとか成功。動員は約2000人だった。野音は3600キャパだから半分ちょっとくらいの入り。ただ出演者のギャラはほとんどありません、っていう感じ。それでも回を重ねるごとに、出たいと言ってくれる人たちは増えてきた。

第1回アトミック・カフェ・ミュージック・フェスティバル
（1984年8月4日、日比谷野外音楽堂）

◆出演者

01. 白竜&サイレント・ダンサー
02. ザ・ルースターズ
03. 学校開放新聞（飛び入り）
04. 明田川荘之
05. SION
06. PJ & COOL RUNNINGS
07. 尾崎豊
08. ブルートニック&ザ・ガーデン
09. ZELDA（飛び入り）
10. ARB（飛び入り）
11. 反核市民グループ
12. 加藤登紀子&センチメンタル・シティ・ロマンス
13. タケカワ・ユキヒデ・グループ
14. 浜田省吾

SION

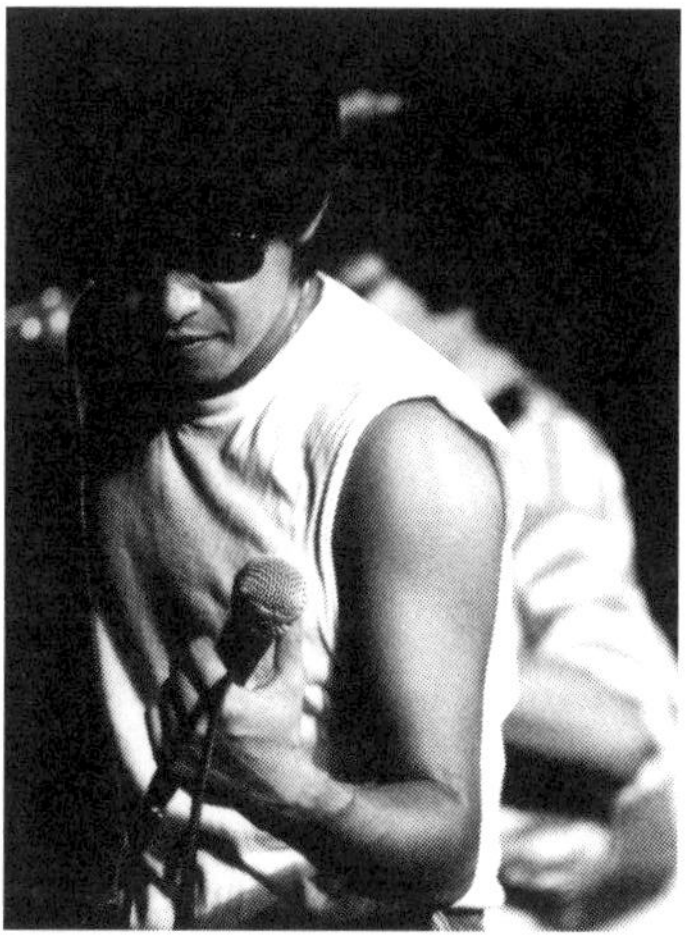

浜田省吾

ザ・ルースターズ

飛び降りてしまった尾崎豊

尾崎豊の出演は、彼の事務所マザーエンタープライズの社長・福田信と以前からつきあいがあり（スパイダースのギタリスト井上堯之のマネージメントもやっていた）、彼から「尾崎っていうすごい新人がいる。ぜひアトミック・カフェに出させてくれ」と頼まれたことで実現した。尾崎自身が「アトミック・カフェのために歌も作ってくる」って言うんだから、本人もかなり力が入ってたんだと思う。

そして当日、尾崎は1曲目に「反核〈核（CORE）〉」を演奏。続く「Scrambling Rock'n'Roll」の間奏で照明のイントレに昇り、そこから飛び降りるというパフォーマンスをやらかし、着地に失敗して足を折ってしまった（右足捻挫、左足複雑骨折で全治3か月）。本人は昇りはじめた時は大したことないと思ってたみたいで、それがいざ飛び降りようと下を見たら予想以上に高く、何度か躊躇したのが下から見ていてわかった。ちょっと首を傾げてウッとなったものの、もう昇っちまった以上やるしかなかったんだろう。飛び降りた後、バック・バンドが演奏を続けるなか、なんとかマイクスタンドまで辿り着き最後まで歌い切ってぶっ倒れた。その後もステージから下ろそうとするスタッフを振り払い、やり通した

尾崎豊は左足を骨折しながらも歌い続けた。

のだから大した根性だと思う。こちらは救急車を呼んだり、会場側からは「あんなこと最初から計画してたのか？　とんでもない！」ってカンカンに怒られたりして大変だった。

後日、アトミック・カフェのニュースペーパーに載せたいということで、尾崎にインタビューさせてもらったんだけど、その時は自分の中に、「男に惚れた！」みたいな、まるで恋の感情が、生まれてはじめて芽生えるのを感じたりもしたよ。それまで自分はホモセクシュアルな気持ちを覚えたことなんかなかったのに、やっぱりものすごいセックスアピールというかオーラがあったんだ。彼が亡くなったのが4月25日で、僕の誕生日も同じ日だったから因縁を感じて、彼が亡くなった時は葬儀にも参列した。

尾崎豊インタビュー（「ACF通信」より）

――8月4日、1回目のアトミック・カフェ・フェスに出演、6メートルの照明用イントレから飛び降りて骨折、ともかく迫力あるステージを見せてくれた尾崎豊に話を聞いた。

ACFには、すごく出たかったですね。ひとつの趣旨、命題みたいなものを皆で考えるのは大切なことだと思います。ただ実際に出てみて、ミュージシャンはあの場に出てきて歌うだけ、見てる人は見てるだけだというのがどこか違うんじゃないかという気がしました。はじめにあったはずの反核というものが、コンサートが進められていくうちに薄れてしまったんじゃないかな。もっと危機感を伝えられる何かが欲しかったと思っています。

今いちばん怖いものといえばやはり第三次世界大戦と、いつ降ってくるかわからない核の存在です。うちは朝霞の基地のすぐ近くで、飛行機が一度に何十機も飛んだりすると、もしかするとはじまったんじゃないかと思ったりもします。環境的なこともあって、割と小さい頃から核のことを考えたり、話したりしたほうじゃないかな。学校でも社会の授業中に、「俺たちに必要なのはそんなことじゃない。」なんて食ってかかったこともあったし。ボタンひとつで世界がなくなってしまうというのに、さらにさらに武器を作り続けているのは本当にバカだ。

骨折をして休んでいる間に、『最後の子どもたち』（核戦争後の西ドイツを描いたグードルン・パウゼヴァングの小説）を読んだんだけど、つくづくいい本だと思います。ああいう風に、日常的なレベルで核の脅威を訴えることが必要じゃないかな。

商品として売られている音楽には、大切なものが失われているんじゃないかという気がします。僕はあくまで自分の本音を歌にしていきたい。満員電車がいやだとか、映画を見て核や戦争が怖いとか。そんなちょっとしたことの中にこそ真実があるんじゃないか。

僕の「街の風景」という曲の中に〝誰もが眠りにつく前に〟というフレーズがあるんですが、核で誰もが死んでしまう前にという意味をイメージして作ったんです。ものものしい形ではなく、例えば恋人と肩を並べて歩いている時にふと思ってしまうような反核を歌えたらと思います。

――ツアーとレコーディングの合い間をぬって1時間にわたって、一言一言真剣に語ってくれた彼に感謝！　もっと大きな影響力を持つミュージシャンになることを願いたい。

◆尾崎豊セットリスト
1　反核〈核（CORE）〉
2　Scrambling Rock'n'Roll（左足を骨折）
3　十七歳の地図
4　愛の消えた街

渋谷東映の椅子破壊、野音炎上で始末書

80年代のアトミック・カフェ・ミュージック・フェスティバルは、1984年にはじめて、1987年のよみうりランドEASTまで、夏の野外イベントとしては全3回が行なわれた。

1985年の第2回はシークレット・コンサートにして、「メッセージだけで人を集めよう」と、誰が出演するかは事前に発表しない形で敢行したんだ。そしたら見事に大失敗

第2回のチラシ。「シークレット・ギグ」を打ち出している。

1987年のアトミック・カフェに出演したビリー・ブラッグ（よみうりランドEAST）。

して、たった1000人しか来てくれなかった。フジロックの究極の目標は、ラインナップを伏せてフェスの名前だけで開催することだっていう話はよく知られているけど、それを実践するには随分と早すぎたわけだ。

その頃ヨーロッパで行なわれている反核イベントでは何十万人も集めていたから、最後の年にはなんとか1万人を集めたいと奮起し、開催場所をよみうりランドEASTに変更して、ラフィン・ノーズやレッド・ウォリアーズ、竜童組らに加え、イギリスからもウィルコ・ジョンソンとビリー・ブラッグを呼んだ。その時はスマッシュが海外アーティストの招聘を担当してくれた。フジロックでアトミック・カフェが復活する布石はここにあったと言っていい。

野外イベント3回のほか、84年の暮れに1回、86年には3月・6月・10月・12月、87年は4月と合計9回、新宿ロフトや渋谷ライヴインなどでも様々なイベントをアトミック・カフェとして開催している。スマッシュが後楽園ホールにサード・ワールドを呼んで、野坂昭如や筑紫哲也のトーク・ライヴを挟んだ形でやったり、渋谷東映という映画館を借りて、保坂展人や辻元清美、浅田彰が出演するオールナイト・イベントなんかも行なった。渋谷東映では有頂天やルースターズがライヴをやったんだけど、ブルーハーツの演奏中には興奮した観客が椅子を破壊する騒ぎとなってしまった。この時は、野音の時ほど怒られ

86年末のACFは新宿LOFTで3公演。「東京に原発を!」というメッセージを掲げ ザ・ブルーハーツなどをブッキング。

ザ・ブルーハーツの演奏中に破壊された渋谷東映の椅子。

なかったかな。

ちなみに、尾崎の時以上に怒られたのは、その約10年前、場所は同じ日比谷野音。1975年4月のキャロル解散コンサートだ。このライヴは内田裕也プロデュースで、当時ちょうど僕は裕也さんのマネージャーだった。記録映像にも残されている通り、コンサートの最後に照明が熱すぎたせいでセットが燃えてしまった。演出なんかじゃなくて純然たる事故だから、もちろん現場は大騒ぎ。なんとか消し止めて事なきをえて、後には「野音炎上」というキャロル伝説が残されたわけだけど、個人的にはメチャクチャ叱られた記憶しかない。それにしても若い頃は随分たくさんの始末書を書かされた人生だったと思う。

ブルーハーツがアコギでパレードを先導

ブルーハーツとの交流は、まだデビュー前の彼らが直接プロモーションに来たことからはじまっている。ヒロトとマーシーが自分でカセットテープを持ってロッキング・オンのオフィスまでやって来たんだ。僕が応対を任されて、面白いバンドだと思ったもののデモテープではよくわかんなかったから、まずはライヴを観に行った。そしたら、すごくよかったから、すぐ声をかけてアトミック・カフェにも出てもらったんだ。保坂にも聴かせたら気に入ったので、彼のイベントに出てもらったりもしたよ。

当然、2011年にフジロックでアトミック・カフェが再開した時には、ヒロトにも声をかけたけれど、「もう俺たちがそういうのをやる必要はない。ブルーハーツの頃は他にあまりいなかったからやったけど、今はいろんなミュージシャンが発言するようになったし、いいでしょう」っていう反応だった。

ブルーハーツの他には、「さよなら人類」が大ヒットする前のたまもイベントに呼んでいたから、さっさとロッキング・オンを辞めて、そういった人気バンドのマネージメントをやっていたら、また違った人生だったかもしれないね。

1986年4月にチェルノブイリ原発事故が起きて、米ソの対立構造が落ち着いていく一方、今度は「反原発」という形の反核運動が世界的なムーヴメントとなって拡がっていき、アトミック・カフェはそうした運動の中で音楽企画の部分を担う方向へスライドしていった。

南こうせつの呼びかけで、日比谷で反原発イベントが1988年に行なわれた時、僕らもアトミック・カフェとしてライヴ企画をいくつか手伝っている。その一環で、銀座へデモに出た若者が何人か逮捕されてしまったことがあり、その時の主催者は高木仁三郎だっ

日比谷公園でスピーチをする物理学者の高木仁三郎。
[写真：今井明]

たんだけど、広瀬隆も参加していたので、僕とそのふたりとで丸の内署までいっしょに保釈を要求しに行くことになった。署に到着するまでの間、タクシーの中でずっと重い沈黙が続き、「高木さんと広瀬さん、本当は仲悪いのかなあ」と気まずい思いをしたこともあったね。

　イベントの資金はどうやって作っていたのか。みんなでアルバイトしたのかな。僕自身はロッキング・オンにいたからバイトはできなかったけど、その給料で運動してた、みたいな感じだったのかもしれない。そして、だんだんジレンマになってロッキング・オンを辞めたっていうことなんだろう。

　アトミック・カフェをやったからってロッキング・オンには何の利益もないし、渋谷陽一は「バカなことをやってるなあ」と思ってたんじゃないかな。「そんなメッセージ・ロックなんてやってたって世の中変わんないよ」ってね。でも、当時から僕らが言ってたのは、「世界は変えられないかもしれないけど、音楽に惹かれてイベントに来たら、何らかの情報を受け取って、その人の意識が少しでも変わる可能性があればいい」っていうこと。それくらいの姿勢じゃなければ、こういうイベントはできないって話してた。もう「全員が今すぐ核兵器廃絶に立ち上がってもらわないと困る!」とかいうんじゃなくてね。音楽っていうのは、人それぞれ、人生が変わるほどの影響を受ける人もいればそうでない人もいて、受け止め方は多種多様だ。好きなミュージシャンがメッセージを持っていれば、それをただ受け流すだけの人も、何らかの行動に移さなければと考える人もいる。アトミック・カフェというイベントは、あくまで「ひとつのきっかけになれればいい」という合意のもとにはじまっていた。

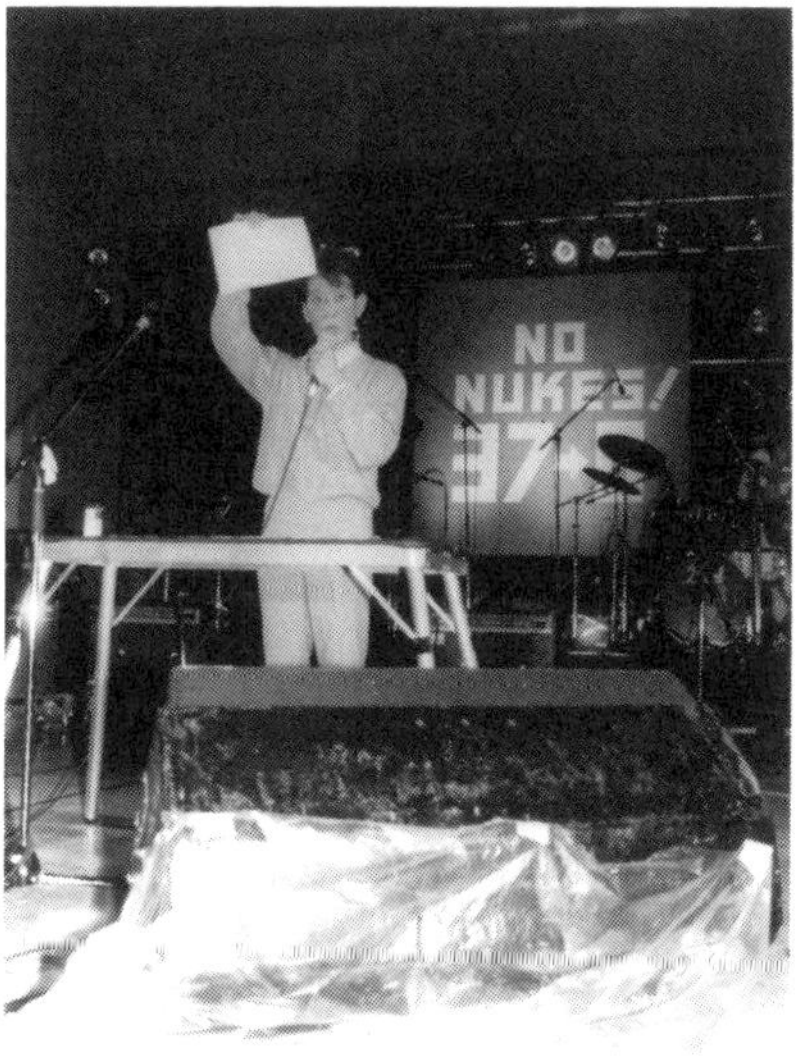

南こうせつ主催の反原発イベントに登壇する広瀬隆。

最近になってブラフマンの

TOSHI－LOWから、「大久保さん、アトミック・カフェには僕も中学か高校の頃に行きましたよ」って言われたりもしたから、音楽ファンにもそれなりに受け入れられていたんじゃないかな。

「プロ市民」だけでやっていても広がらない！

クイーンの映画『ボヘミアン・ラプソディ』で「ライヴエイド」のシーンが出てきたのを見た時、あのイベントが80年代当時『ロッキング・オン』では徹底的に批判されていたことを思い出した。僕も基本的にはチャリティーをライヴ・イベントでやるもんじゃないと思っている。単にお金を集めて渡しただけで満足しておしまいのお祭りなら意味はない。起きている問題の構造を変えるためにどうしたらいいかを考えようっていうのでないとね。

かつて渋谷陽一は反原発にも否定的だったけど、福島で事故が起こり安全神話が崩れて、今じゃ科学のあり方としても政治のあり方としても批判せざるを得ない立場になったんだと思う。そしたら、ちゃんとそこにスーッと行くんだよね。吉本隆明が死んで呪縛が解けたのかな。時代の空気を見てイベンターになったわけだし、今はもう配信ライヴとか次のことを考えているみたいだ。

僕がアトミック・カフェをはじめたもうひとつの動機は、それまでにアースデイとかの反核運動を手伝った経験から、そういうのは、いわゆる「プロ市民」的なグループだけでやっているという実態がわかってきたこともある。ゴリゴリの人たちだけで集まってやってても、運動はそれ以上広がっていきそうになかった。永遠に既存の組織だけを相手にしてやってたってダメなわけだから。それよりも音楽的・文化的な表現としてのアトミック・カフェで、もっと裾野を広げられるんじゃないかと思ったんだ。

ブルーハーツが先頭でアコースティック・ギターをかき鳴らして生音だけで歌うような、独自のデモを企画したりもした。また、「デモ」って言うと過激なものだと思われるから「パレード」って言うようにしたり、ピースマークの旗を自分で作ったり、いかにごく普通の人たちまで自然に受け入れられるかっていうことを自分なりに考え抜いたんだ。

かつては公安がデモや集会の参加者を写真にパチパチ撮って、「身元がバレたら就職できないぞ」と脅されたりしたもんだけど、そういうところから脱却したかった。三里塚闘争みたいのとは違う、人が死なずに済むようなものを目指したんだ。既成の運動に対するアンチっていうか、どうしたって硬直化してくるものだから、そういうところを何とか乗

ブルーハーツがデモの先頭に。笑顔の真島昌利。他のメンバーは見切れている。

1986年のデモ風景。THE SMITHSの「MEAT IS MURDER」が発売された翌年。

り越えていこうとね。現在では自分たちも既存のものになってしまったけど、今でいう反原連やＳＥＡＬＤｓみたいなものの走りとして位置づけてもいいと思っている。

基本的に争いごとは好きじゃない。なるべく平和裡に解決したい。でも闘争的になったことも一度ある。

アトミック・カフェをはじめた頃、核弾頭が装填可能の巡航ミサイル＝トマホークを積んだ戦艦ニュージャージーが第7艦隊に配備されると報道され、「非核三原則」を守る立場から反対運動が起きた。僕はその事務局にもいたので、横須賀で行なわれたデモに参加することになった。現場では阻止線を張った機動隊がワーワーやっていて、僕の横にいたやつを捕まえた。その人を取り返そうと警備車両の中に突入したら、押されたりなんだりしているうち、結果的にサイドミラーを壊したということになって、その場で逮捕されてしまった。

器物損壊で横須賀署に留め置かれ、翌日には地検までカマボコ型の車で連行されて取り調べを受けた。「仲間が奪還しに来るんじゃないか？」とか言っていて、パトカーが前後を固めるという物々しい行列でね。まさか逮捕されるとは思ってなかったから、身分証明証を持っていて身元も割れちゃってるし、仕方なく「大久保です」とだけ認めて、とにか

横須賀で行われたデモで警察に取り押さえられる瞬間。

く全部否認したうえで、「弁護士を呼んでくれ！」と言い張ったよ。最終的には2泊3日で不起訴になって出てきた。祖父が音楽議員連盟の知り合いだった横須賀選挙区の田川誠一に連絡してくれて、そのおかげかどうかはわからないけど留置所から出してもらえたんだ。

ちなみに政治犯ということで、入れられたのは独房だった。雑居房だと他の人たちに思想信条を吹き込むおそれがあるかららしい。当時つきあってた女の子と3日後に海外旅行するはずだったのに、その逮捕でおじゃんになっちゃった。彼女は理解してくれたけど、1年後くらいには別れてしまったな。

『ロッキング・オン』の創刊同人になった

僕が大学生の頃はフラワームーヴメントの真っ只中だった。新宿を中心にロック喫茶が全盛で、今はなき新宿厚生年金会館の向かいには「ソウルイート」という店があり、そこで渋谷陽一もDJをやっていた。ソウルイートはヒッピーたちの溜まり場になっていて、マリファナとかシンナーを吸ってるやつらもいたから、時々新宿署の手入れをくらい、ある日、店に行ったら中には人っ子ひとりいないなんてこともあった。すでに全員しょっぴかれたあとだったというわけ。もう少し早く到着して現場にいたら、自分もとばっちりで捕まってたかもしれない。

高校時代からの仲間とそこへ通っているうちに渋谷とも知り合って、「今度ロック雑誌を作るので手伝ってくれないか」と声をかけられた。そして1972年に『ロッキング・オン』創刊。第1号は3000部。3号まで取次なしだったので、スタッフが個人的に書店へ売り込みをかけて、翌月に売り上げを回収しに行く形でのスタートだった。

僕自身は、特別にコアな動機があって参加したわけじゃない。ロック喫茶で知り合った仲間と気軽につきあおうという気持ちだけだ。当時の大学はあちこちで紛争が起きて物騒だったし、授業もあんまり面白くないし、「サラリーマンになるために大学に入る」というような状況に疑問も持っていたから、ロッキング・オンを通して何か仕事が得られればいいかなというくらいの動機だった。

当時の日本の左翼はフォークをちょっと知ってるくらいで、音楽文化みたいなことにあまり興味がなかったように思う。一方で、ヒッピー・ムーヴメントに影響を受けた者は一生懸命に政治活動をするとかじゃなくて、社会からドロップアウトするという方向になっていった。そういう連中は70年代から精進湖とかで小規模のロック・フェスティバルをやっていたりした。興行的なことは考えず、手作りで純粋に野外ライヴを楽しもうっていう。今でいうレイヴみたいな感じかな。

ロッキング・オンをはじめるにあたり、大学も中退した。歴史が好きで國學院大学に入ったけれど、思い描いていたような学門の場ではなかったし、音楽で飯が食えるなら別にやめてもいいかなと。渋谷陽一だって中退だったし、松村雄作も高校中退で、ちゃんと卒業してる連中が周りにいなかったしね。ただ、あとで選挙に出た時、地域の戸別訪問をするために必要になって、卒業名簿がないのには困った。大学に電話してみたら「いやー、中退者には卒業名簿は渡せません」と言われちゃって。あの時だけは卒業しとけばよかったかなあって思ったけど。

ロッキング・オン時代。
渋谷陽一（右）とロサンゼルスに出張。

伊豆へ社員旅行。左手前が著者。

ロッキング・オンでは基本的に営業担当。具体的には納品や清算、広告版下回収など。あんまり洋楽ロックについて何か書けるような力量もなかったし。岩谷宏の家でみんなで麻雀したこととかのほうが楽しかった。

もともと僕はどちらかというとブリティッシュ・ロックよりアメリカン・フォークのほうに興味があって、ブラザース・フォーやピーター・ポール＆マリーといったグループの音楽が好きだったし、高校の頃には親しかった友だちの影響でボブ・ディランやキングストン・トリオばかり聴いていた。

ビートルズもローリング・ストーンズも聴いたけどレコードを買うことはなく、ビートルズ来日公演のチケットも興味本位で抽選に応募したらたまたま当たったにもかかわらず、クラスの友だちにあげてしまい、テレビで観ただけ。あまり後悔もしていない。エレキ・ブームが巻き起こってベンチャーズが人気を博した時は「勝ち抜きエレキ合戦」というテレビ番組（安岡力也も出演していた）もそれなりに観てはいたものの、なにせエレキ＝不良というイメージが社会的に定着していて、近づくのはヤバいと思ったのかもしれない。

その後、レッド・ツェッペリンやフリーも聴くようになったけど、基本的には自分が直接現場に関われる日本のロックを中心に生きていくようになるので、洋楽第一主義のロッキング・オンではずっと自分の居場所がないようにも感じていた。

デビュー直後のユーミンを学園祭に呼ぶ

いっしょに『ロッキング・オン』を創刊した仲間・松村雄策が、ある日ラジオで〝返事はいらない〟（1972年7月5日に東芝EMIからリリースされたユーミンのデビュー・シングル）を聴いて、「荒井由実っていうシンガーソングライターがいるんだけど、これは絶対に売れるぞ」って教えてくれた。聴いてみて気に入ったので、この娘を学園祭に呼んだらいいかなと思い、当時のディレクターのところまでお願いしに行った。別に学祭の実行委員長とかだったわけではなく、あくまで独自の企画で、それが僕のやったはじめてのイベントだ。

彼女のデビュー・アルバム『ひこうき雲』が発売されたのは1973年11月20日。國學院大学の学園祭もちょうど11月だったから、アルバムが出る直前か直後のことになる。まだユーミンもブレイクする前で、〝返事はいらない〟も本人が「300枚しか売れなかった」と言ってたらしい。

会場となったホール、いわゆる大学の講堂にはアップライトピアノしかなくて、バック・ミュージシャンも連れて来てなかったと思う。だからライヴ環境としては、いささか不十分だったかもしれない。でもけっこうウケてたし、とにかく来てくれただけで嬉しかった。確かユーミンの何周年記念かのアルバムにも「國學院の大学祭に出演」って記録が載っていたよ。

バースデーソングとスナフキン

松村雄策のバンドのマネージャーをやったこともある。最初の頃は僕のブッキングで、大阪とかも含めて何本かライヴハウス・ツアーも行なった。事務所は代官山にあったバースデーソングっていうところで預かってもらったんだけど、出版もそこでやってくれることになって、その「バースデーソング音楽出版」の社長の名義は僕だった。その後バースデーソングはアニメソングで大儲けしている。一時期はアニソン歌手も抱えていて、近年はビッグサイトとかで、「マジンガーZ」の水木一郎とか「ドラゴンボールZ」の影山ヒロノブとかを呼んでアニソン・フェス（ANIME JAPAN FES）を開催している。

松村のレコード・デビューは実質的には渋谷陽一が仕切った。レコードのプロデュースは……失敗だったかもしれない。きっと「売りたい」と思ったんだろうね。バックには良いミュージシャンを使ったし、ドアーズとか松村がやりたいようなサウンドにすれば、もっとよかったのかも。それでも松村の書く詞はすごいなと思った。

それ以前のイターナウ（松村雄策が結成した音楽グループ。1975年11月に自主制作カセット『今がすべて』を発表）にも関わっている。そちらは、もうひとりのロッキング・オン創刊メンバー岩谷宏がプロデュースして、詞も書いてたかな。カセットを自主制作で作って、ロッキング・オンに怪しい広告を載っけてたことを覚えている。千野秀一とか、当時で言うアバンギャルド系のミュージシャンを集めてコンサートもやった。確か坂本龍一も出ていたと思う。イターナウっていう名前は「永遠の今」という意味だけど、あれは松村がつけたのか岩谷さんがつけたのか、もう記憶が定かではない。

ロッキング・オンをやりながら、四人囃子っていうバンドに入れあげて、彼らのコンサートを主催したり手伝ったりするためのグループ——今でいうイベンターとして「スナフキン」を設立した。ソウルイートがなくなったあと新宿にできた「サブマリン」というロック喫茶の常連だったやつらに「四人囃子っていうバンドがすごくいいから、そのコンサートをやろうよ」って声をかけたんだ。それで、四人囃子、あんぜんバンド、頭脳警察の3組によるライヴを企画したり、学園祭をまわったり、そのステージング・スタッフをやった。それが後になって内田裕也と巡り合うきっかけにもなった。

内田裕也のマネージャーになるまでは、ロッキング・オンだけじゃ食えなかったので、

初期の四人囃子。［四人囃子オフィシャルサイトより］

その営業仕事と並行してアルバイトもしたし、スナフキンで四人囃子のコンサートもやっているという感じ。ちなみに、僕が辞めた後のスナフキンは、スナフキン・カンパニーという会社になって、〝Ｒｏｍａｎｔｉｃが止まらない〟という曲を大ヒットさせたＣ-Ｃ-Ｂを手がけたりもした。

ソウルイートやサブマリン時代からの仲間たちは、渋谷陽一を除いて互いに相性で呼び合っていた。僕のニックネームは「ナオ」、素直な性格だったから。松村が「マッキー」。

正気の沙汰ではない郡山ワンステップ・フェスティバル

1974年8月、福島県郡山市で行なわれたワンステップ・フェスティバルは、僕がはじめて裏方として関わったフェスだ。それまでにも中津川フォーク・ジャンボリー（岐阜県恵那郡坂下町、現在の中津川市にて1969年から1971年にかけて3回開催）とかはあったけど、ロックをメインにした野外フェスとしては日本初のイベントだったと言っていい。実行委員長の佐藤三郎は、地元の呉服屋さん（洋品店という説もあり）の二世で若かったから、アメリカに行った時、映画『ウッドストック　愛と平和と音楽の三日間』を見て、「こりゃあすごい、日本でもこれをやりたい」と考えたんだそうだ。結果的には、そんなことやったから大損こいて身上潰しちゃうことになるんだけど。

佐藤さんは、まず内田裕也に相談し、裕也さんをプロデューサーに立てて「よしやろう！」ということになった。東芝ＥＭＩ（当時）の石坂敬一も協力し、招聘をウドーに任せる形で海外からはオノ・ヨーコやリタ　クーリッジも呼んだ。

開催期間は7日間、うちライヴは5日間で、当時活動していた日本のロック・グループはみんな出た。キャロルとかセンチメンタル・シティ・ロマンスとか、かまやつひろしも出ている。当時のロック・バンドは、やる場所があまりなかったってこともあるのかもしれない。音響は加藤和彦のギンガムという会社がやって、当日の演奏はすべて録音されていた。映像もちゃんと委託してフィルムで撮ってある。サディスティック・ミカ・バンドのすごい演奏もバッチリ記録された。アイドル・ジャパン・レコードが音源をまとめてCDやDVDを出した時には、僕も企画から参加した。

当時の僕は22か23歳で、スナフキンのメンバーとして四人囃子をサポートするため、あんぜんバンドをバックアップしてたウラワ・ロックンロールセンターの人たちといっしょに舞台周りの手伝いをした。ステージ・スタッフの立場でね。現場はそりゃあもう大変だった！　雨も降ったし、ゴミは出るし、喧嘩はあるし、無料で入ろうとする奴はいるし。ステージに上がってこようとする連中を下ろさなきゃいけないっていうのもあった。キャロルと外道はお互い暴走族のファンがついてたから、どっちが先に仕掛けたかはわからないけど、客同士が最初からやる気満々で来ていてね。トラブルを避けるために2バンドの出演日は重ならないようにしていたのに、目当てのバンドが出るずっと前から到着していたんだよ。

それでも若い頃の自分にとっては、めちゃくちゃ面白かったんだ。1か月くらい四人囃子とスナフキンの面々と郡山の安宿に泊まり込んでね。朝起きて会場に行って、スタッフやって、夜に帰ってきて、それはそれは壮絶な体験だった。ちょっとやそっとじゃ経験できないことだよ。2023年が50周年だから、アイドル・ジャパンの高橋廣行とアニバーサリーをやろうかって話もしてたんだけど、その矢先に裕也さんが亡くなってしまった。

客は河川敷のキャンプか近所の旅館・ホテルに滞在していた。行政との折り合いは実行委員長の佐藤三郎がつけたんだけど、高校生は参加禁止。フジロックみたいに親子連れな雰囲気はゼロ。ヒッピーの時代だったからね。川原のキャンプも後片付けなんかせずほったらかしで帰っちゃうし、ボランティアの清掃も大変だったと思う。開成山公園の陸上競技場でやったので常設のトイレはいっぱいあって仮設トイレも用意したから、行列はできてたけど、その点に関してはさほど問題にはならなかった。まあ、「集団で若者たちが超悪いことをしている」という見方はされたね。大麻とかもやってるんだろうって。

集客はのべで2、3万。1日平均2、3千くらいか。キャロルやオノ・ヨーコが出た最終日はすごく入ってた。ジュリーの出た日も7、8千はいたんじゃないかな。平日はもっと少ないけど、みんなそういうイベントに飢えてたというか、とにかく他にはなかったから全国から人が来たんじゃないかと思う。ただギャラは出なかった。かまやつさんが「なんで俺がノーギャラでやらなきゃならないんだ」って怒ってたというエピソードもある。もう気持ちだけで開催したっていうね。

第1回出演者リスト（1974年8月4日〜10日）

8月4日（日）

神無月／サンハウス／陳信輝グループ／イエロー／ウエスト・ロード・ブルース・バンド／トランザム／クリス・クリストファーソン&リタ・クーリッジ／沢田研二&井上堯之バンド

8月5日（月）

ダウン・タウン・ブギウギ・バンド／つのだ☆ひろ&スペース・バンド／ジュリエット／あんぜんBAND／エディ藩&オリエント・エキスプレス／クリエイション／四人囃子

8月8日（木）

マザーハウス・ブルースバンド／ジャンボマックス／ソウルパワー／異邦人／南無／

ワンステップ・フェスティバル出演の外道。[©Memorial One Step Festival 実行委員会]

外道／シュガー・ベイブ／センチメンタル・シティ・ロマンス／はちみつぱい／ミッキー吉野グループ

8月9日（金）

デイヴ平尾&ザ・ゴールデン・カップス／めんたんぴん／寺田十三夫と信天翁／VSOP／LOVE／上田正樹&サウス・トゥ・サウス／ブルースハウス・ブルース・バンド／Grape Jam／宿屋の飯盛／オリジナル・ザ・ディラン／かまやつひろし&オレンジ

8月10日（土）

宮下フミオ&フレンズ／加藤和彦&サディスティック・ミカ・バンド／内田裕也&1

８１５ロックンロール・バンド／キャロル／ヨーコ・オノ＆プラスチック・オノ・スーパー・バンド

ワンステップ・フェスティバルは翌年にも体育館を借りて開催されている。そっちには、四人囃子やクリエイション、樹木希林（当時は悠木千帆）も出た。佐藤さんとしては、なんとか赤字を取り戻そうとしたんだろうね、できなかったけど。

イベントは無益こそが素晴らしい

とにかく自分はイベント、コンサートを作ることが好きだったんだ。最初に四人囃子のコンサートを企画した時、ＰＡ・音響や照明装置を組み立て、舞台美術を用意し、出来上がったステージに青いライトが1本ポッと当たる、その瞬間とても感動したことを強く覚えている。ただライヴを見るだけじゃなくて、音楽を鳴らすミュージシャンを演出すること、それにスタッフとして関わっていることに大きな満足感を覚えたんだ。僕にもこういうことがやれるんだって。自分で企画してホールを借りてチラシを作って……すべて自分たちの手でやった。バンドの最高のパフォーマンスを見せるにはどうしたらいいか話し合い、音響だの照明だのを工夫して、ひとつのコンサートを完成させる。そこに参加する満足感を味わって、もう逃げられなくなったというか、もっともっとやってみたいと思ったんだ。儲けたいとかじゃなくね。

当時のライヴ・イベント企画をしてたグループは営利目的が第一じゃなくて、自分たちがやりたいからこそはじめたっていうケースが多いはず。北海道のWESSにしても、関西・中国・四国の夢番地にしても、いまだに各地で頑張っているポップス／ロック系コンサートの興行団体は僕の1、2年先輩か同じくらいの世代の人たちで、最初は自分たちが聴きたいバンドを地元に呼びたいためにはじめたんじゃないかな。ワンステップをやった佐藤さんと同じように、「自分たちの街でイベントをやりたいからやるんだ！」っていう思いだけでやってるから赤字とか関係ない。バンド呼んでコンサートやって盛り上がってよかった！　それだけで満足だ、という時代だった。

自分もアトミック・カフェでは、司会、宣伝から、ブッキング、チラシ裏の広告取りまでやっていた。そういうのが得意だったし、ひとつのライヴ・イベントを作るために何から何までやってたのは確かだね。事前のパブリシティも、放送媒体までは無理だったけど、朝日や毎日みたいな新聞までできる限り頑張った。『ロッキング・オン』ではすごい小さな枠での扱いだったけど……まあ、70年代の『ロッキング・オン』読者は日本人のロックをバカにしていて、どこかやりにくかったというか、日本のロックなんかどうでもいいって低く見られているような空気はあった。

それでも僕は日本のロックを盛り上げたかった。日本人である限り、身近なところに存在しているロック・バンドがあるわけだから、それを聴いたり応援するのが当たり前のことだと思ったんだ。ずっと「日本のロックを応援したい」という気持ちを持って、『ロッキング・オン』でも日本のロックを紹介し続けたけれど、やがて、それだけでは飽き足らなくなったんだと思う。

日本でも表現として成立するロックはあるはずだし、その可能性を感じさせてくれたバンドのひとつが四人囃子だった。彼らをサポートすることによって、日本のロックが盛り上がっていくんじゃないかと信じていたんだ。評論家とかエンドユーザーの立場じゃなくて、もう演者の側にいたんだろうね。それが自分にとって自然なことだった。これはやっぱり、クラシックのコンサートなどで現場の裏方をやって、音楽家を支えていた祖父の姿をずっと見てきたことの影響なんだと思う。

内田裕也のマネージャーになったためにロッキング・オンを辞めた後、1977年には一時的に復帰した。当時、ロッキング・オンをきちんと会社組織にしてやっていきたいと渋谷陽一が一念発起し、ちょうど会社員として専従でやれる人間がいなかったようで、「またレコード会社をまわって広告をとってくれないか」と言われたんだ。すでにフリーになってたのでタイミングがうまくハマった。その時の給料が確か13万円くらいだったかな。でも、やっぱりシコシコ本を作るのには向いてなくて、いつでも現場が好きだったから、ほとんど会社にはいなかった。レコード会社も書店もたくさんあるし、ずっと外回りに出かけていたよ。やっぱりロッキング・オンには居場所がなかったのかもしれない。

当時、いつも渋谷から言われてたのは「お前は甘すぎる」ということ。輸入盤屋の広告費未払いを「今は苦しいだろうから待ってあげよう」と取り立てずにいて、「それじゃ営業として成り立たない、店のことは考えなくていいから雑誌のことを考えろ」と怒られてたんだ。

内田裕也の葬儀で思ったこと

2019年3月16日の夜は、親戚の法事があって新宿にいた。あれこれ慌ただしく過ごすうちにすっかり遅くなってしまい、帰宅の途につく頃にはだいぶ夜も更けていた。ひとりで車を運転して帰るには、参宮橋を経由して代々木公園の横から富ヶ谷へ抜ける道を通ることになる。その先を自宅まで行く途中に、内田裕也の住んでいたマンションがあった。そういえば以前もたまたまここを通りかかった時、裕也さんの姿を見かけたことがある。この日も、もしかしたらいるかな？　何をしているだろう、もう寝ているか……などと考えながら五反田方面へ車を走らせた。訃報が届いたのはその翌朝のこと。彼が地上で過ごした最後の時間に、なんとなく近くまで呼ばれていたのかもしれない――そんなことをぼんやりと考えた。

お通夜に行って、故人と最後のお別れをしていたら、奥の部屋では娘の内田也哉子とその伴侶である本木雅弘が、長らく裕也さんを支えてきた石山マネージャーと顔を突き合わせ、何やら深刻そうに話をしている。こりゃあ何かあったんだろうな……って、ピンときたので声はかけずにすぐ帰ってきた。

実は通夜の当日までに、石山さんやバック・バンドの人たちを中心に音楽関係者で内田裕也ファミリーとしての葬儀を執り行い、そこへ持ってきてもらったお香典を資金にオールナイトの追悼コンサートをやろうという話が持ち上がっていたんだ。僕もそういう風に聞かされていたから「じゃあ、お手伝いできることがあればしますよ」と答えていた。ところが、それを也哉子ちゃんやモッくんに確認しないままだったのがマズかった。別件だと思っていたんだな。

遺族に対して話してなかったものだから、業界の大御所たちが「正式な葬儀が決まる前にそれは筋が悪いんじゃないか」とのことで、「こっちで最初に仕切る」と、葬儀委員長の田邊昭知、代表世話人の周防郁雄といった方々4人くらいの連名で「内田裕也のお別れ会、こうなりました」という書状が回ってきた。そりゃあそうなるだろうね。田邊さんとか周防さんが「それは違う」って筋論を言ったら説得力は尋常じゃない。要するに裕也さんは半分芸能人だから、そういったしきたりも昔から馴染みがあるわけだ。彼らにとっても大事な仲間のひとりなのに自分たちを差し置いて勝手にやるのは違和感が当然あるんじゃないかと思う。もしもあのままやっていたら、もっと大変なことになっていたかもしれないね。

そうして芸能関係者で仕切ることになり、葬儀に来る一般の人々に対しては「一切お香典は要りません」、その代わり各団体や関連会社は「芳名板を買ってほしい」という形で葬儀は大々的に行なわれた。昔からよく一緒に仕事してた総合舞台っていうところは、照明の他に裕也さんのパネルを作れと言われて、そこの社長が「大変だったけど作りました……」と話していたよ。

そんなわけで、最初に言われていたものとは違う形の葬儀になったから、僕自身は「もう手伝わなくてもいいんだな」と思っていた。ところがレコード会社とかプロダクションの若い子に受付をやらせると古いミュージシャンの顔を知らないからトラブルになるということで、「おうい、大久保ちょっと来てくれ」と呼ばれて、結局ミュージシャン関係の受付を手伝うことになった。

受付で顔を合わせたのは、白竜、ＰＡＮＴＡ、Ｃｈａｒ、昔のグループ・サウンズの人たち……音楽関係者だけで５００人以上は来たと思う。３５０あった席では入り切れなくて、立ち見でも足りず、もうひとつ別の会場にビデオを流す形になった。弔事はマチャアキ（堺正章）と鮎川誠と４人くらいで読んだみたいだけど、僕はずっと受付にいたのでどんな話をしたのかはわからない。山本寛斎も来たし、ビートたけしもロールスロイスに乗って来た。そういう人たちの席を用意するのは大変だった。浅田美代子、松田美由紀など女優さんたちもいっぱい来た。島田陽子はいなかったな。もちろん週刊誌とかスポーツ新聞とかも取材に来て、テレビも芸能ニュースで流したから、僕もチラチラ映ってたと後で言われた。

葬儀の運営自体は、葬儀社が青山斎場でやった。「死んだら青山で葬式を」っていうのが遺言だったんだって。「俺の葬儀は青山でやってくれ、ヨロシク」って感じかな。あそこでは有名人の葬儀をいっぱいやってるから、葬儀場にもステイタスがあると思ってたのかもしれない。さすが内田裕也ですよ。

裕也さんの顔を最後に見た時には、なんと言って表現したらいいのか……残念だったという気持ちはもちろんだけど。前年のオールナイト（ニューイヤー・ロックフェスティバル）に行っておけばよかったとは思った。次回はできるのかなという懸念もあったのに、裕也さんが車椅子で歌う姿を見るのは忍びないような気がして行けなかったんだ。


何年か前に、郡山ワンステップ・フェスティバルの音源を商品化してリリースした時、裕也さんがイベントのプロデューサーだったわけだから、当然プロデュース印税を払うことになったのだけど、再販までの経過と契約に関するやりとりは細かいビジネス上の話だから、石山マネージャーと話を進めていた。結果的に、裕也さんには後で知らせる形になり、「なんで今頃になって出すんだコノヤローー！」と怒られてしまった。「佐藤三郎さんも石坂敬一さんも亡くなったし、こういう経過で」と一生懸命に説明したよ。

本人の気持ちとしては「最初から俺にも話をしてくれ」ってことなんだろうけど、そうすると現実的な仕事の段取りとしては、ひとこともふたこともあるから大変なことになってしまう。普通のミュージシャンは、マネージャーと話がついてるならほとんど口は出してこないものだけど、裕也さんはそういう人じゃなかった。どうしても全部を知っておかないと気が済まない。やっぱりミュージシャンというよりはプロデューサーだったんだと思う。そんなこともあって、ここしばらくなんとなく疎遠になってしまってたというのもあり、二の足を踏んでしまっていた自分が少し悔しかった。

内田裕也のマネージャー時代

裕也さんのマネージャーになったのは、1975年のこと。クールアウトという、四人囃子を含む何組かのバンドが所属するマネージメント・オフィスがあって、その代表を務めていた栗田忠明という人が、以前フラワー・トラベリン・バンドのマネージャーだったことで内田裕也と繋がりがあった。そして、郡山ワンステップ・フェスティバルの後、当時の裕也さんのマネージャーが辞めてしまい、「おい栗田、誰かいねえか」、「じゃあ大久保っていうのがいるから、紹介するよ」、「おい、お前ちょっと内田裕也のところに行ってこい」という話になったわけ。それで言われるがままに行ってみたら「じゃあ、お前やれや」ということで即座にまとまってしまった。会社員ではなく個人マネージャー。誰か間に入る人がいてもらわないと周りも困るっていうことだったんだろう。直にコンタクトすると、めんどくさいことがあればケンカしちゃうかもしれないからね。

当時の裕也さんは自分の事務所を構えていたわけではなく、六本木にあったワーナー・ブラザーズのオフィスにプロデューサーとしてのデスクがあり、自分も毎日そこへ通ってマネジメント業務にあたった。フラワー・トラベリン・バンドやクリエイション、もっと遡ればタイガースと、日本のロック・シーンの中で商品になりそうなアーティストを見つけ出すことに関しては、裕也さんの感性はちゃんと評価されていたからこそ、こういう場を与えられていたことになる。

裕也さん自身はこの頃はメディアには全然出てなくて、もっぱらイベントのプロデュースみたいなことをやっていた。そのバックアップ資金は僕の給料も含め希林さんが出していて、だから裕也さん本人から給料をもらったことは一度もない。

1975年6月に、沢田研二がザ・ピーナッツの伊藤エミと結婚した時、比叡山のフリーコンサートでファンに結婚報告をしたんだけど、裕也さんとふたりで京都のイ

僕がマネージャーをやっていた頃の内田裕也のプロフィール写真。

ベントが終わったあとタクシーで駆けつけたこともあった。娘の也哉子ちゃん（1976年2月生まれ）が生まれた時には、六本木のバーで「俺にも子どもができたぞ、大久保！」って、喜んで酒をあおってた姿をよく覚えている。

「日本のバンドを海外のバンドと対等に扱え」

裕也さんが寺内タケシとブルージーンズで歌ってた時のマネージャーは、村上寛（ガン／元一）という人なんだけど、この人が原宿のクロコダイルというライヴハウスのオーナーをやっていた、その世界では超有名な人。東北の由緒ある士族（伊達藩）の出身で、東の村上、西（黒田藩）の遠山満と言われているほどだったとか。右翼やヤクザとの繋がりがあるだけじゃなく、本人も居合の達人。ツアー先で同室になった時は、朝に稽古をはじめて、ベッドで寝ている僕の頭上で本物っぽい刀がビュッビュッって空を切ってるなんてこともあった。なんでも、原宿で稽古してた時には警官がやって来て、なんだかんだあってパトカー1台こわしちゃったそうだ。村上さんがワーナー・ブラザースのオフォスへやってきた時、応対した僕に「裕也へ伝えておいてくれ。ひさしぶりに網走から帰ってきたからまた飯でも食おうってな」と言うので、網走まで何をしに行ってたんだろうって思ったら、本当に刑務所に入っていたという。

その村上さんと、外道というバンドのマネージャーだった柳井さん、あと何人かで、裕也さんはイーストランドっていう会社を作った。中村とうよう（『ミュージック・マガジン』元・編集長）や樹木希林にも出資してもらってね。渋谷公会堂の手前に今もあるマンションの一室を希林さんが持っていて、そこが事務所になった。スタッフは、ガンさん、柳井さん、私と、浅岡っていう人の4人。柳井さんと私は音楽方面の担当で、映画の仕事に関しては浅岡さんが受け持っていた。だから映画人としての内田裕也の功績については把握できていないけれど、演技力とかを超えた存在感で勝負できていた俳優だったと思う。

イーストランドではフランク・ザッパを呼んだり（1976年2月「YUYA PRESENTS 浅草最大のロック・ショウ」ほか。ザッパ唯一の来日公演）、ワールド・ロック・フェスティバルをやったりして、僕も北海道から沖縄までまわった。ジェフ・ベックと楽屋がいっしょになった時は嬉しかったな。裕也さんは主催する立場で、招聘はウドー音楽事務所が引き受けていた。

郡山ワンステップ・フェスティバルに続き、裕也さんが音頭をとって「日本のロック・バンドと海外のロック・バンドは対等であるべき」との方針から、国内外のバンドを一同に集め、「日本のバンドも前座としてでなく、公平に紹介する」ことを掲げ、1975年

8月に開催されたのが「ワールド・ロック・フェスティバル」だ。出演メンバーはジェフ・ベックの他、ニューヨーク・ドールズ、フェリックス・パパラルディ、クリエイション、四人囃子ほか。札幌の真駒内競技場、名古屋の愛知体育館、京都の丸山公園野外音楽堂、東京は後楽園球場、そして仙台の菅生トレール・ランドとツアーした。「日本のロックをなんとかしたい」という裕也さんの強い思いの表れのひとつがワールド・ロック・フェスティバルだった。そこには、日本のロック・バンドを英米のバンドと同じ舞台で共演させたいという気持ちがあったわけだから。でも結局、ワールド・ロック・フェスは赤字に終わり、イーストランドは潰れてしまう。その余波で僕もマネージャーを辞め、いったんロッキング・オンに戻ることになる。

窮地を救うのはいつも樹木希林

そういう世界にポッと入って見よう見まねでなんとかやっていた。とまどいはなかったけど、まあ大変ではあった。裕也さんはウドー音楽事務所にナイフ持って突っ込んじゃうような人なので、気に入らないことがあればケンカをするし、入る金はみんな博打や女に使っちゃう。ロック・イベントに行ったら、「おい、ちょっとあそこにいる可愛い女の子に声をかけてこい」と言われるしね。高橋恵子の楽屋までラブレターを持って行かされたりもした。24時間いつでも関係ない人だから、夜中に電話がかかってきて「麻雀で大負けしてるから10万持ってこい」なんて呼び出され、そんな時は希林さんから預かっておいたものを持って駆けつけた。

大阪のヤクザが経営してるキャバレーでの仕事を裕也さんが直前になってすっぽかしてしまい、仕方なく謝りに行ったら、「おめえ、どうしてくれるんだ」ってホテルの部屋に監禁されたこともある。そういう昔ながらの興行の世界も味わった。この時も希林さんが尻拭いをしたんだった。当時まだ悠木千帆という名前だった彼女は、出演していたドラマ『寺内貫太郎一家』での決めゼリフ「ジュリ〜!」で人気爆発の真っ最中。

そこで、裕也さんの代わりに希林さんを連れて行ったんだけど、会場で演奏するバンドのために彼女はなぜか全員分の楽譜を用意してきていて、それを「バンドの人たちに持っていきなさい」って言われたから、仕方なく「はい、トランペットの方、これをどうぞ。あなたはベースですね、はいこちらです」って、震えながら配って回った。そして、まだ希林さんは歌手ではなかったから、沢田研二の曲が演奏されるのに合わせて、ひとしきり踊ってから、最後に「ジュリ〜!」って叫んでおしまい。その時の写真は残ってないし興行主も覚えてない、っていうか、むしろ1回限りで永遠にさようならしたいような人たちだった。

日本語ロック論争と内田裕也への曲解を正す

裕也さんが起こした数多くの騒動のうちのひとつに「日本語ロック論争」というのがあった。『ニューミュージック・マガジン』(現在のミュージック・マガジン) 1971年5月号に掲載された記事「日本のロック情況はどこまで来たか」(出席者:福田一郎/中村とうよう/ミッキー・カーチス/内田裕也/折田育造/小倉エージ/大滝詠一/松本隆) の中で、当時デビュー・アルバムをリリースし、同誌の日本語ロック部門で1位をとったはっぴいえんどに「よほど注意して聴かないと言ってることがわからない。歌詞とメロディとリズムのバランスが悪く、日本語とロックの結びつきに成功したとは思わない」と噛み付いたのだ。

この論争は「ロックは英語で歌うべきか、日本語で歌ってもいいのか」という論点にフォーカスしてしまったけど、それは少し本筋からズレてしまっていると思う。内田裕也だって日本語で歌うロック・バンドをプロデュースしたり、自分自身でも日本語で歌ってきたわけで、単に日本語を使うことの是非以上に、「はっぴいえんどのデビュー作での日本語ロックは、そのリズム感がまだまだ本物じゃないのでは?」ってところを突いたんじゃないか。

僕もはっぴいえんどをはじめて生で聴いたときは、正直タルいと思った。だってその頃までにフリーとかレッド・ツェッペリン、ジェファーソン・エアプレインなんかを耳にしていた人間としては、歌詞や音楽自体の良し悪しは別にして、なんだか言葉とメロディの間の悪さを感じたんだ。少なくとも今まことしやかに語られている「はっぴいえんどこそ日本語ロックの元祖」なんていう事実は絶対にない。その前から成毛滋とかもいたわけだしね。

内田裕也が体現してるロックというのは、リズム&ブルースからロックンロールでしょう。その後「ロック」という言葉の意味も広がっていったけれど、欧米のロックンローラーはほとんどそこを入り口にしていて、ライヴで共演した時は最後に、例えばチャック・ベリーとかのロックンロールの定番ナンバーを全員いっしょにやってコンサートを締めくくっていた。はっぴいえんどはそういうロックンロールとは違うし、スピリッツ以上にサウンドを重視したようなバンドだった。その部分の対立が単に「日本語を使うな」といちゃもんをつけたような話になってしまった。

その頃の裕也さんは、ジョー山中が英語で歌うフラワー・トラベリン・バンドをプロデュースして世界を目指して頑張っていたところだったので、自分たちのことももっと評価してほしいという気持ちが強く出たんだろう。日本語でロックを歌うこと自体は裕也さんもその周辺のバンドも普通にやってきたことだし、日本語自体を否定したいわけじゃなかった。

ロックンロール好き・フォーク嫌い・イベント好きで裏方志向

裕也さんはフォークが嫌いだったように思う。吉田拓郎とか当時のフォーク系の売れてた人たち、南こうせつとかグレープとかには反発を覚えていたらしく、特に吉田拓郎のことは目の敵にしていた。僕も日本のフォークが好きじゃなかったから、なんとなく気持ちはわかる。ピーター・ポール&マリーとかは聴いていて、自分でもそういうバンドをやってたりもしたし、岡林信康とか高田渡みたいな反戦フォークは好きだったのに、南こうせつや最初の頃の泉谷しげるはなんとなく好きになれなかった。ロックンロール好き・フォーク嫌い・イベント好きで裏方志向……人から言われるまで気づかなかったけど、基本的な感性の下地が、裕也さんと僕とでは一致してる部分もあるかもしれない。殴るか殴らないかで大きな違いはあるけどね。

ナベプロを辞めた後ヨーロッパを放浪し、現地でいろいろと刺激を受けてきた裕也さんは、帰国後に内田裕也とザ・フラワーズを結成。自分が高校生の時、そのライヴを銀座のジャズ喫茶まで観に行ったのが、はじめての生での内田裕也だった。裕也さんはタンバリンを叩きながら一緒に歌い、時々メイン・ヴォーカルもとっていた。その頃もうすでに石間秀樹のギターはすごかったな。あの当時から日本にもすごいギタリストはたくさんいたんだ。ただ、ヴォーカルに関しては難しかったんだと思う。本格的に日本語をちゃんとリズムに乗せられたのはサザンオールスターズの桑田佳祐以降だよね。そこからブルーハーツとかがどんどん日本語ロックの変革を進めていったわけだ。

内田裕也は、感性の人。音楽に理論とかで向かう人ではない。そのうえで、例えばジュリーについてもタイガースの前身バンドを見て直感で「これは売れる!」と思って引っ張ってきたわけだし、矢沢永吉のキャロルに関してもそうだった。プロデューサー志向を早くから持っていて、決して本人ばかりがロック・スターになりたいわけではなかったんだ。とにかくロックンロールが大好きで、そのために一途にやってきた男。いいバンド・いいアーティストを見て、自分にないものを持っていると判断したら、嫉妬するよりもそこを認めて応援するような性格の持ち主だ。そういった度量があるから、ずっとやってこれたし慕われ続けた。

内田裕也プレゼンツ「ニューイヤー・ロックフェスティバル」のパンフレットより。

あれほど横暴に見えて、実際に暴れたことも多々あるわけだけど、実はしっかり気を使う人でもあった。ザッパを呼んだ時、いっしょにドラマーとして来日したテリー・ボジオは、はじめて日本へ来た時に裕也さんから受けた歓待ぶりをよく覚えていて、今でも感謝の気持ちを忘れていないそうだ。相手が海外のミュージシャンであれ日本のミュージシャンであれ、周囲のスタッフには誠意を持って接するよう指示するし、何か不手際があればものすごく怒られる。「外タレも日本人のバンドも対等に扱いたい」という心情は、やたらな対抗意識ではなく、真のリスペクト精神のもとで発揮されていたんだ。

　そして、後楽園に何万人も観客を集めた

はずだけど、手元には金が残らないから、ジェフ・ベックやニューヨーク・ドールズを呼んで客も入ったのに儲けはないのか、って怒ってしまう。出演料とか経費のことを説明され、その場では引き下がっても、ずっとモヤモヤしていたんだろうね。みんなウドーが持っていってるんじゃないかという疑心暗鬼が生まれてしまい、それが後にウドー音楽事務所へナイフを持って殴り込んで逮捕されてしまった事件の背景にあるんじゃないだろうか。その時もまた単純に「外人のコンサートばっか企画しやがって」と無茶苦茶な因縁をつけたような話になってしまった。ただ自分以上に仲間たちのバンドに成功してほしいという気持ちが強かっただけだと思う。暴れる時は何よりまず仲間のために「コノヤロー！」となるわけ。これは安岡力也を筆頭に裕也ファミリーに一貫している信念かもしれない。

昔から、内田裕也という人については、ロックンロール馬鹿とか言われて、ヒットも特にないしミュージシャンとしても大したことないって評価の人もいるけど、僕はとにかく筋の通った人だと思ってる。ロックは社会的なところから出てきた音楽なわけだから、それを体現する人間として、政治とか社会というものに対しても批評的な目を持っていた。蓮舫が「仕分け」をやってた時、何回も傍聴に足を運んで、周りはびっくりしてたけど、そういうところにもちゃんと行って自分の目で確かめるっていうね。ただ単に蓮舫のことが気になったからじゃないと思うよ（笑）。それに、かつてはニューヨークに行くと必ずダコタハウスに行って、ジョン・レノンとオノ・ヨーコに会う仲だったわけだから、ふたりからの影響も大きかったはずだ。

「キケンするならROCKにヨロシク！」

1991年になって東京都知事選に裕也さんがいきなり出馬表明して、僕にも電話がかかってきた。「大久保ぉ！　都知事に立候補するからよぉ！　ちょっと来い！」って赤坂プリンスに呼び出され、「おまえ、選挙運動を手伝え！」と言われたら、それはもう「はい！　わかりました、裕也さん」と答えるしかない。とにかく「カッコよくやりたい」って言うから、渋谷ハチ公前に4トン・トラックのステージカーをつけて、荷台の扉が開くと乗っていたバンドがロックンロールを演奏しはじめ、そこに内田裕也が登場、というような演出で選挙活動を展開した（政見放送では、冒頭から10秒間の沈黙の後、アカペラで「パワー・トゥ・ザ・ピープル」と「コミック雑誌なんかいらない！」を熱唱し、英語とフランス語でスピーチ。選挙戦最終日の街頭演説では対立候補である「鈴木俊一」と書かれた襷をかけ、ほとんど選挙演説はしないまま歌と演奏を繰り広げた後、「明日は投票日、絶対に入れないでください」というコメントで締め括った。選挙公報には「NANKA変だなぁ！　キケンするならROCKにヨロシク！ Love&Peace「Tokyo」とだけ手書きで書かれており、結果的

僕の選挙の応援に駆けつけてくれた内田裕也とのツーショット。

に5万4654票を獲得して16人中5位。無所属の候補者の中ではトップという結果だった)。

僕が都議会議員になったことが選挙に出ようという考えに影響したのかどうかはよくわからないけれど、それ以上に「憤る人」だから、それで手が出てしまうことがあるんだろうし、都知事選の時も何かに憤ったんじゃないかな。

内田裕也はわがままだし、強引だし、真っ直ぐだしで、そりゃ尻拭いをする側はものすごく苦労させられた。でも裕也さんがいなかったら学べなかったことがある。物怖じせずにとにかく行動して後は「なんとかなるさ」の楽観性。あとは、失敗して怒られてもめげないタフネスかな。

アトミック・カフェ＠フジロック主な出演者 (2011年〜)

2011　田中優、鎌仲ひとみ、伴英幸、ソウル・フラワー・アコースティック・パルチザン、加藤登紀子、滝田はるな、MANNISH BOYS(斉藤和義、中村達也)、YELLOW MAGIC ORCHESTRA (坂本龍一、高橋幸宏、細野晴臣)、澤井正子

2012　藤波心、かなる、もんじゅ君、フライングダッチマン、加藤登紀子、佐藤タイジ、巻上公一、後藤正文、松田美由紀　※この年より司会に津田大介

2013　絶対原子力戦隊スイシンジャー、もんじゅ君、チェンジ・エナジーズ、加藤登紀子、佐藤タイジ、澤井正子、リクルマイ・バンド、インディーズ電力、東浩紀、難波彰浩

2014　加藤登紀子、TOSHI-LOW、後藤正文、エセタイマーズ、大友良英スペシャル・ビッグバンド、田原総一朗、YAMAZAKI

2015　TOSHI-LOW、細美武士、the LOW-ATUS、加藤登紀子、手塚るみ子、シアターブルック、佐藤タイジ、木内みどり

2016　加藤登紀子、大友良英 with Love Farmers、木村真三、奥田愛基、吉田明子、遠藤ミチロウ、ホリエアツシ feat. セリザワユウマ

2017　富澤タク、泉田裕彦、Number the.、後藤正文、エセタイマーズ、坂口恭平、佐藤タイジ、松崎ナオ

2018　星田英利、片平里菜、TOSHI-LOW、細美武士、木村草太、加藤登紀子、奥田愛基、巻上公一、PIKA

2019　元山仁士郎、後藤正文、マヒトゥ・ザ・ピーポー、KACHIMBA、RITTO、仲宗根創、宮台真司、永田夏来、the LOW-ATUS、玉城デニー、元山仁士郎、YOH、ORANGE RANGE

2020　巻上公一、大島花子、細美武士、斎藤幸平　※配信ライヴ

特別対談

津田大介
×
大久保青志

芸術を怖がっているのは誰なのか？

津田大介（つだだいすけ）
1973年生まれ。東京都出身。ジャーナリスト／メディア・アクティビスト。大阪経済大学客員教授。「ポリタス」編集長。早稲田大学在学時から雑誌ライターとして活動開始。1999年に編集プロダクション・ネオローグ設立。あいちトリエンナーレ2019芸術監督。『だれが「音楽」を殺すのか?』『Twitter社会論』『ウェブで政治を動かす！』『情報戦争を生き抜く』ほか著書多数。

サブカルからの展開を求めて

大久保　最初に会った頃は知らなかったんだけど、実は津田さんのご両親とは、僕が選挙に出た時にも応援していただいてたり、深いおつきあいがあって。後でそのことを本人から聴いてエーッて驚いたんだ。

津田　父親は学生運動の流れで社青同（日本社会主義青年同盟）に入り、その後社会党副委員長だった高沢寅男衆議院議員の私設秘書をやっていました。ずっと社会党だったので、人間関係的には近いところにいたのに、僕自身は東日本大震災が起こるまで、大久保さんと仕事上の接点はほとんどなかったんですよね。震災までの僕はインターネットとか音楽とか、サブカル寄りでテック系方面の書き手だったので当然と言えば当然の話なのですが……。それが震災でだいぶ変わって。保坂展人さんが世田谷区長になったのも震災後ですよね。脱原発の流れとちょうど重なった。

大久保　２０１１年４月ですね。それ以降は、保坂展人のシンポジウムとか幾つかのイベントにも、津田さんに出てもらってる。保坂が区長になる前、僕が秘書をやってた頃の国会議員時代にも何度かおつきあいはあったかな。

津田　そうですね。フジロックのアトミック・カフェ以外にも、合間合間に単発の企画がいろいろありましたね。例えば安保法制の時のデモとかは、僕もＳＥＡＬＤｓを追いかけていたので、その裏側で大久保さんがサポートしていることも知ってました。

――津田さんがフジロックのアトミック・カフェ・トークに関わることになった経緯は？

津田　僕はフジロックに２００５年から毎年行っていて、アトミック・カフェが復活した２０１１年にはＹＭＯの３人も出る[*1]というので、普通にお客として３日間とも観に行きました。ただ、その時、トークの司会をする人がいなかったので、見ていてちょっともったいないなあと思ったんですよ。トークが30分なので、司会がいないとテンポよく回らないから。そんなところへ司会のオファーをいただいたので、これは嬉しいとふたつ返事で引き受けたっていう感じです。

大久保　２０１１年に福島第一の事故が起きて、急遽スマッシュ代表の日高（正博）とアトミック・カフェをフジロックで復活させようって話になり、じゃあどういう風にやればいいのか、とりあえず昔やっていたライヴ&トークの形態にしようかって、とにかく手探りの状態で始まったんですよ。スマッシュから「今回はYMOが出演するし、坂本龍一さんもいるから、アバロンで演奏するのは無理だけどトークで出しちゃいなよ」って言われて、出てもらったり。

津田　他には、環境学者の飯田哲也さんとかドキュメンタリー作家の鎌仲ひとみさんが出ていましたね。

大久保　それで翌年に、津田さんは毎年フジロックに来てるし、保坂との関係でお世話になっていることだし、ぜひお願いしたいなと思って声をかけたと。

津田　震災後、原発の問題を追いかけていたことと、音楽も好きでニュースサイトのナタリーを立ち上げたりしていたこともあって、音楽と政治を繋げる役としては適任と判断してもらったんだと思います。NGOヴィレッジは第1回目のフジロックからあったんでしたっけ？

大久保　いや、苗場に移ってからですね。それまではフィールド・オブ・ヘブンでオーガニック関連の出店の中に、JVC（日本国際ボランティアセンター）とか国際協力団体のNGOがブースを出していた。

津田　日高さんに、フェスを通じて社会や政治にコミットする強い思いがあったんですか？

大久保　そうですね、フジロックを始める時、日高の中にはひとつのモデルとしてグラストンベリー・フェスティバルがあって、あれはそもそもCND（イギリスの反核団体）を支援するっていうのがフェスの成り立ちだから、政治的なメッセージもバンバン出るような場じゃないですか。そういうものを目指して、その日本的なものを作ろうと考えていた。だから、社会的な活動をやっている団体にフジロックとしては門戸を開きたいっていうか、そういった団体が活動を発表するようなスペースを作ったらいいんじゃないかという発想で、フジロックのNGOヴィレッジが生まれたんです。

RCサクセション、ブルーハーツ、尾崎豊、SEALDs、デニー玉城

――アトミック・カフェの舞台裏について話してもらえますか。

大久保　もともと80年代にアトミック・カフェを始めた時からの仲間――僕も含めて5人くらいで最初の叩き台を作ってから、津田さんのところへ「こんなテーマ、こういう出演者でやりたいんだけどどうですか」と提案して、津田さんからも「ここら辺の人がいたほうが面白い」とか意見をやりとりしながら決めている感じです。

津田　僕が呼んでくる人もいれば大久保さんが呼ぶ人もいるし、それで意外とバランスよく決まってますね。毎年ひとりくらいは変な人が来る（笑）。当初は正直いつまで続くかなって思っていた部分もあるんです。もう今では原発問題も全然解決してはいないのにどんどん忘れられて風化してるじゃないですか。そういう状況の中で日高さんは、フジロックとしてはアトミック・カフェをちゃんと続けていくんだっていう意志があるから続いてるんだと思うし、毎年司会をして見ている限り、お客さんも別に減っていないんですよね。その意味でも続けてやっていく意義があるイベントだなと思います。

大久保　うん。

津田　いろんな場面がありましたよね。もんじゅ君っていう着ぐるみを出したこともあったし。あと、制服向上委員会とかも。

大久保　制服向上委員会は僕らは呼んでないんだけど、フジロック側からブッキングされたあと、キャンセルされたっていうんで騒ぎになった。でも、あのトラブルは我々とは関係ないんだ（笑）。

津田　そうそう、そんなのもありましたね。田原総一郎さんが来た時は大人気でしたし、あとは宮台真司さんとか坂口恭平さんとか、それぞれ面白い回がいっぱいあったなあ。

大久保　あとはＳＥＡＬＤｓをやっていた奥田愛基くんが出た時ですかね。

津田　ああ、ヤジを飛ばして文句をつけてくるお客さんがいたんで、壇上の僕と言い合いになったっていう。

大久保　あれは始まって以来のことだった。

津田　ああいう２０１１年とかにはありえなかったようなことが起きて、なんていうか急速に社会が変わっていったんだなあということを象徴するような、時代の変化を感じましたね。

大久保　奥田くんが出たのは２０１５年の安保法制の後だから、16年かな。

――「音楽に政治を持ち込むな」なんて言われたんですよね。

津田　発表されたときのツイッターの反応はすごかったですね。でも、80年代のアトミック・カフェなんてまさに音楽に政治を持ち込んだイベントで、しかも資料で見ると本当に大きなムーブメントになっていましたよね。

大久保　そうですね。ただし、音楽を通じてメッセージを出そうというイベントって70年代にはあったけど、80年代初頭にはほとんどなくて。芸能人もそうだけど、ミュージシャン自身も今と違って政治的な発言をすることはタブーになっているようなところがあった気がする。

津田　70年代の学生運動が衰退したのと同時に、80年代に入って消費文化がメインになっていて。ただ、それを変えるくらいのインパクトが1986年のチェルノブイリ原発事故にはあったんでしょう。

大久保　それによってRCサクセションの『COVERS』[*2]も生まれたし。

津田　ブルーハーツ、佐野元春、それこそ尾崎豊もそういう歌を発表した。だから、東日本大震災ほどじゃないにせよ、かなり大きなインパクトがミュージシャンにもあったんだと思う。実際、僕も自分で原稿を書くときに調べたんですが、事故後の2年間で事故を扱った本が約80冊出ていてその多くがベストセラーになっているんです。めちゃくちゃ関心が高まってた時期だったんだなあと。それが90年代になる頃から一気に萎んで、むしろCO2問題が出てきたから、原発はエコでクリーンなエネルギーというプロパガンダが流され、ロハス的な文脈に回収されてしまった。

大久保　その当時は、僕らも反原発というメッセージを出しながらも、原子力エネルギーに代わる代替の社会構想やエネルギー構想は示せず、ただ「反対」という範疇で運動してたんで長続きしなかったんだろう。

津田　2000年代に入ってからでいうと、坂本龍一さんが一貫してやられていたような、いわゆる直説的な反原発というより「STOP ROKKASHO」みたいな、原子力のより拡大した部分への反対運動、ある種の局地戦みたいな闘い方をしてたところはあったと思います。今から思えば、核燃料サイクルこそが脱原発に舵を切れない主因なので、あの運動は非常に本質的な指摘だったんですけどね。

――大久保さんが80年代からやっていたことが、現在の社会運動の形に繋がっていると思うのですが、どうでしょうか?

津田　おっしゃる通りですね。日本の社会運動史を考えるうえで大久保さんが果たした役割はきちんと記録されるべきだと思います。60年、70年代安保があのような形で敗北して、その後は大きな社会運動ってなかったわけですけど、相対的に見て80年代の反原発運動が大きかったことは確かですよね。学生運動とか暴力的な闘争とは違う形、何より音楽の力が後押しをした。そして市民運動と音楽ファンがクロスするような動きがあった。その流れの中心にいたひとりが大久保さんだし、そのことが90年代~2000年代に登場してきたサウンドデモにも繋がってますよね。

大久保　60年代70年代に反核運動をやってる人たちって、やっぱりだんだんプロ化しちゃうっていうか――よくプロ市民とか言われるけど、僕もそういう人たちがやってるデモに参加してみた時に、旧来の活動家だけがやってて広がりがないところに不満を覚えてね。

そこで自分の足元にあった音楽とか文化の面から何かできることはないかと考えたんだ。それがアトミック・カフェ。アトミック・カフェのデモでは、ブルーハーツが先頭に立ってアコースティック・ギターを弾きながら歌ったりもしていたし、まさにサウンドデモの走りだった。それはSEALDsや反原連とかのいろんな運動にも繋がっている、と僕は思ってるんだけどね。

津田　70年代の学生運動が無残に萎んでいったのを見てきた反省に立っていることでもあるわけですよね。最初のアトミック・カフェが80年代の終わりに自然消滅して、そこからフジロックまで長いブランクがあるような気もするんですけど、この間、90〜00年代はどういう感じだったんですか？　大久保さんにとっては挫折感もあったんでしょうか？

大久保　うん、日比谷野音で3千人集めたんで、ステップアップして次は1万〜2万人集めようと思って、よみうりランドEASTを借りてやったら、見事に2千人しか来なくって（笑）。みんなボランティアで、バイトして金を作って出資してやってたわけだから、経済的な理由も大きかった。

津田　いい思い出でもあるし、ほろ苦い思い出でもあるって感じなんですね。

大久保　そしたら「原子力が無くなったら江戸時代に戻るのか」みたいなキャンペーンを経産省や電力会社がはじめて。それにまんまと騙されちゃったわけでしょう。

津田　その苦い経験は２０１１年以降に振り返ると生きてくるところがありますね。今だって同じようなことやってるわけですから。

大久保　福島の原発事故がなければ、そのままアトミック・カフェは自然消滅してたと思いますよ。90年代には僕はなぜか政治家になっていて、そういう立場から社会運動に関わってはいたけれど、その頃はＮＧＯヴィレッジとかノーニュークス的なものをやろうとは思っていなかったことは確か。

津田　実際のところ、２０００年代までそういう空気は全然なかったですよね。

政治家をゲストに呼ぶのはアリかナシか

大久保　この本にも書いたんだけど、今、環境省に若手で作ったチーム・フジロックってのがあるんだって。で、その人たちがスマッシュまでやって来て、「フジロックはゴミゼロナビゲーションとか環境に優しいフェスをやっているので評価している」と。ついては新しく大臣になった小泉進次郎をフジロックにどうですか、みたいな話をしてきたそうなんですよ。

津田　えーっ!?　まあ僕は、彼とは面識があるので、喋れるっちゃ喋れますけど……でも、正直なところ遠慮したいですね（笑）。

大久保　そりゃ正式に招待するってのは難しいでしょう。ただ、普通にチケット買って客として会場に来て、たまたまアバロンの前を通りかかったところで、津田さんが「小泉大臣じゃないですか！」って声をかけるんだったらいいかもしれないねって（笑）。

津田　それもなんか出来レースっぽすぎますけどね（笑）。アトミック・カフェは玉城デニー沖縄県知事も呼んでるし、当時新潟県知事だった泉田裕彦さんも出てますから、その意味で政治家を呼んじゃいけないってことはないんだとは思うんですけど、やるなら小泉大臣に対してしっかり厳しい質問をできるような人を入れて、独演会にはしない形じゃないと厳しいでしょうね。

大久保　日高は昔からフジロックに政治家との関わりを利用しようと思ってないし、アトミック・カフェに政治家を入れるのも好きな雰囲気ではない。そういうのは避けてきたんですよ。

津田　その感覚はよく理解できます。デニーさんの場合はやっぱり特別だったわけですし。歌もギターも良かったですよね。

――そのあたりの線引きについて、津田さんも交えてもう少し議論できればと思ったので

すが。

津田　線引きがむずかしいことは認めます。しかし、こういうイベントをやる場合には抑圧される側と抑圧する側の違いに目を向けないといけない。そこはやっぱり明確な線引きがある。小泉大臣は現役の閣僚ですからもろに権力の中枢にいるわけで、沖縄問題にしても原発問題にしても、アトミック・カフェで扱うテーマや声を上げる人たちのことを無視し、抑圧する政権に加担しているとも言えるわけです。それは彼自身の能力や人格とは関係なく評価されるものですよね。それを前提とした上で思うのは、小泉大臣が来たとしても本音で話してくれるわけがないということです。環境問題だけにフォーカスして耳あたりのいいことは言うでしょうけど、例えば原発について「福島にずっと行ってますが、どう思ってるんですか？」と尋ねても、絶対に本音で喋ってくれることはない。現役大臣ですからね。デニーさんはしっかり自分の言葉で話してくれた。聞かれた質問に対して「立場があるから答えられない」っていうのだったら、政治家の街頭演説と何が違うのっていう話で、それでは政治家にとってのただの宣伝の場になっちゃう。小泉大臣が環境問題で若い人たちの声を聞いて政権と戦っているというなら別ですが、もちろんそんなことはない。そこはデニーさんとは文脈が違うでしょう。あとは大久保さんが言ったように、アトミック・カフェ側から呼ぶとなると、相手をオーソライズしてるのか？政権に媚びを売ってるのか？みたいな批判が出かねないですよね。

大久保　国会、永田町にいる政治家と、地方の首長では立場が違う。首長は地域のために動くことが責務でしょう。だから辺野古の話、基地の話っていうのがストレートにできる。一方で、政権の中にいる人が来てもなかなかね。

津田　田原総一郎さんみたいに「ズバリ聞きたい。進次郎さん、結局原発はなくしたほうがいいと思ってる？」とか聞いて、「う〜ん、難しい問題ですねえ」みたいにお茶を濁されてもね（笑）。そういう話が聴きてえんじゃねえんだよってお客さんもなりますよね。

大久保　どうしても政治家としての立場が優先されちゃう。そうするとアトミック・カフェの中ではなじまないし。それこそ面白味のないステージになっちゃうんじゃないかな。

津田　進次郎議員はスピーチは抜群に上手いので、きちんとエンタメにはしてお客さんには爽やかな印象を残して終わるとは思います。しかし、はたしてそれはアトミック・カフェのやりたいことなのかっていう。

――小泉大臣は、よく「何を言ってるかわからない」みたいな揶揄をされたりもしているようですが実際はどうなんですか。

津田　いや、あれはちょっと報道に悪意がありすぎですね。立場がそういうふうにしか言わせていない部分もありますが、実際の彼のスピーチを何度も聞いたことがある身としては、まったく違う感想ですね。非常にクレバーな人間ですし、スピーチを聞けば、何言ってるかわからないなんてことは全然ないんですよ。説得力もあるし、いわゆるディスカッションやフリートークも得意。そうじゃなきゃ日本全国の難しい選挙に彼が呼ばれたりしないですよ。ただ、いち新人議員だった頃と違って、大臣になったことで、ずっと厳しく見られるようになったことは影響してるでしょうね。役職につくと全然できることが違ってくるでしょうし、そのズレを本人も修正し切れてないように見えます。

――では、デニーさんの場合は政治家の人気取りとは違うのか、という意見が出たとしたら?

津田　フジロックのお客さんって、沖縄から来てる人もいるだろうけど全体の中では少ないはずなので、そこでアピールしても県知事の集票には繋がらないじゃないですか。あくまで沖縄の問題を本土にいる皆さんにも知ってほしいというアピールで、選挙のためのものとは違う。進次郎議員について身も蓋もないことを言ってしまえば、彼が環境大臣になってから何か目立った成果を出せたわけじゃないじゃないですか。だから、環境省としてはプロモーションをしたいという意図があるんでしょう。

大久保　「環境省がフジロックを応援していますよ」ってイメージアップしてもらっても、日高はきっとプラスには思わないだろうなあ。結局2020年は延期という事態になってしまったので具体的なところまで詰められることはなくなったけど、そういう話があったと。

「音楽が好きな人って、自由が好きだと思うんですよ」

――先ほど、抑圧する側と抑圧される側、という話が出ましたが、やはりおふたりの活動には常に抑圧される側に対する共感共鳴がベースにあるということでしょうか。

津田　僕は明確にそうですね。フジロックが好き――というか、音楽が好きな人って自由が好きな人だと思うんですよね。フジロックがいまだ日本でも有数の「特別な空間」になっているのは、会場に流れるあの自由な雰囲気ですよね。「音楽が好きな人は自由を愛する人である」ということを僕はフジロックで学んだんです。その意味で僕は「自由とは何か？」ということをいつも自問自答しながら毎年アトミック・カフェの司会をやっているんです。自由を求め、抑圧されている側の代表であるデニーさんの声を届ける必要があると思っているから、僕にとってはデニーさんが出る事は自然なんです。

大久保　僕も同じです。常にそういう立場で社会に関わってきたし。一時は辻元清美と一緒に民主党政権の中にも入ったけどさ。それはそれで政権の中にいながら改革ができるというやり方も見えてくるけれど、基本的には権力の外側にいる人間のほうがいいかなと思ってる。

葛藤の中でそれでも発信するテイラー・スウィフト

津田　10年前20年前に比べて、日常生活でのアクションが起こしやすくなってきましたよね。例えば、フェアトレード・コーヒーを買うとか、電力会社を東京電力から「みんな電力」に変えるとか。自分の生活をそれほど犠牲にしたりすることなく、チョイスを変えるだけで世の中を変えられるというのが明らかになってきて、そういうのをちゃんと紹介していくっていうことも大事だと思ってます。あと、変わってきたということでもうひとつ思うのは、ミュージシャンの意識もこの5年10年くらいのうちに本当に大きく変化しましたよね。検察庁改正法案の時なんか、きゃりーぱみゅぱみゅみたいな、あんまりそういうこと言うイメージがない人もみんな意見を表明し始めましたしね。

――「歌手は歌だけ歌ってろ」とか言われたりしながらも。

津田　大好きなミュージシャンが突然ライヴのMCで政治的な話題を突っ込んできた時に、「興醒めする」っていう人がいるんですよね。この心理って何なんだろうってずっと考えていたんですが、結局「消費者マインド」に原因があるんじゃないかと思ってるんです。フジロックという場を単なるエンターテイメント、娯楽の場としてだけ楽しみに来ている人。辛い日常を忘れるために来ているのに、そういう現実を突きつけないでよっていう消費者マインドが強いから、政治という強烈な日常を目の前に突きつけられると醒めてしまう。

大久保　現実に引き戻さないでくれ、ってね。

津田　別にそういう人がいてもいいんですけどね。だけど、単なるいち消費者ではなくて「一緒に社会と関わる仲間」っていうふうに、ステージのミュージシャンに対して思えるのなら、政治的な発言だって共感できるはずなんですよ。たとえ意見の違う部分があってもね。「この人はこういうふうにやってるんだなあ、じゃあ自分はどうやろう」って考えるのが人間としてのつきあいなわけで。だから、いかに消費者マインドから「ともに同じ時代を生きている仲間」だっていう意識に繋げられるのかが大事だと思っているし、アトミック・カフェでもそういう司会をしたいなと思っています。

大久保　僕はロッキング・オンにも関わって、ロックとずっと付き合ってきたけれど、ロックという音楽は常に社会との関わりの中でミュージシャンがメッセージを発信してきているものだった。それを受けとる人も自然にミュージシャンと同じような感覚を持つんじゃないかと思うんだけど。メッセージを出すこと自体じゃなくて、その内容について拒否するのか賛同するのかは自分の中で考えてもらってね。

津田　今はミュージシャンがツイッターで政治的な発言をすると、それに対して「がっかりしました」っていうリプがいっぱい来る時代ですよね。その時、ある意味ミュージシャンも突きつけられると思うんです。マーケティング／ビジネスを考えるんだったら、そういう発言をしないほうがファンの間口を広くできるかもしれない。だけど、間口を狭くしても言いたいんだ！ってツイートする。それこそが本当にやりたい表現だなと。自分がやってることはビジネスなのか表現なのか。もちろん完全にくっきりと分けられるものじゃないですけど、そこを突きつけられる機会が増えてきたことは、表現者にとってはとてもいいことだと思っているんです。

大久保　そういう「政治的な発言をするなんてがっかりしました」っていう反応は、やっぱり日本特有のものなのかな。例えば欧米ならミュージシャンにしても、アクターもコメディアンも含めて、政治を語ることなんてぜんぜん普通でしょう。

津田　そうですね。ただ、テイラー・スウィフトのドキュメンタリー『ミス・アメリカーナ』を見たら、ディキシー・チックスがかつて政治的な発言をした時、保守的なカントリーのファンからものすごいバッシングを受けて音楽業界に居場所がなくなっちゃったっていう話を引き合いに出して、テイラーがそういう行動に出ようとしてもマネージャーやプロデューサーからものすごく止められて。「お前が反トランプって言ったら失う支持もあるんだぞ」みたいなことを言われ、葛藤した末にそれでも彼女は言った。もちろん日米で状況は異なるでしょうが、同じような状況はあるんだと思います。アンチが増えて売り上げが下がり、ライヴ活動もし難くなる。しかし、テイラーはそれでもなお表現することを選んだっていう。

大久保　企業活動にはマイナスになる、ってことは考えるでしょうね。

津田　でも他方で、今、社会はやっぱり変わってきているんですよ。最近感心したのは、ＢＬＭ[*3]の盛り上がりの中で、黒人の人権を擁護する活動にソニーがアメリカで１００億円寄付したんですよ。なんでそうしたのかっていうと、そういうことができるのは人権感覚のある企業だから、不祥事が起き難いというアピールになる。そうすると投資家の側もそういう企業に投資をする、っていうことになってきている。いわゆる「ＥＳＧ投資」というやつですね。そこは結構、大きな違いですよね。ミュージシャンの政治的発言についても今後そういう流れは起きうるんじゃないですか。アメリカだったら、今ＢＬＭが広がりを見せているなかで、ビリー・アイリッシュみたいな若いアーティストも積極的に発言してますしね。

大久保　つい最近、日本の生命保険会社も３社くらいで「核兵器に関連する企業への融資はしない」と決めたという動きもあるし。企業も「社会的な企業体」っていう意識が高まってきてはいるんじゃないですか。

津田　まあ日本でどこまでそういう流れが来るのかっていうのはありますけどね。日本は男女平等ランキングでも１２１位（２０２０年、世界経済フォーラム発表）とすごく低いし、そういう社会や環境と関わる意識みたいなものが少しずつ進んではいるけれども、海外のほうが先に進んでしまうから、どんどん差が広がっていく一方です。そんななかでも、フジロックはそういう社会とつながる意識を持った人たちを煎じて煮詰めたような場所でもあるわけで。だからＮＧＯヴィレッジとかアトミック・カフェ・トークみたいな場が共有できるわけですから。あえて、ああいうスペースに来る人たちが、フジロックから帰った後にそれぞれの場で散らばってインフルエンサーみたいになっていけばいいと思います。

あいちトリエンナーレ、その後

――一方で、攻撃する側も、ある種のカルト化が進行しているような印象さえ受けるんですが、どう向きあっていこうと考えていますか？

津田　あいちトリエンナーレ*4の騒動とか、奥田愛基がアトミック・カフェに出た時の反発みたいなものを見た時には、「あ、権力って結構、芸術のことを怖がってるんだなあ」と感じましたね。芸術には、あれだけの騒動を起こしうる力がある。日本学術会議の問題も同じですよね。政権は任命拒否がここまで反発を受けるとは予想してなかったでしょうから。だから今は、「これは放置しておくとやっかいなことになるぞ」というふうに権力の側に思われ始めている状況で、当然、短期的には抑圧が強まるでしょう。だけど注目を集められてるってことは、アーティストにとってこれほど表現し甲斐のある時代はないとも思います。そういう暗黒の時代にこそ芸術は光り輝くんじゃないですか。日本が最悪の状況になってるからこそ面白い音楽も文学もアートも生まれてくると僕は思っています。だから僕らのようなメディアの人間がやるべきことは、そういうアーティストの声に光を当てて、いかに広めていくかが問われているんだと思います。最近の結果だけ見たらトランプは負けたし、大阪都構想も通らなかったし、あいトリのリコールももちろん成立しなかった。ギリギリですがブレーキはかかりつつあるように思います。とはいえ、これがすぐにリベラルの復権につながるとも思えない。だって、皮肉な言い方になりますが「コロナのおかげ」ですからね。新型コロナがなかったらトランプも勝ってるし、普通に安倍さんが今も総理やってたでしょう。だから、コロナ終息後、みんな元に戻りたがって——日本人てやっぱりすごく変わりたくないから——その反動みたいな分も考えると、コロナがあってもこの程度しか戻せてないわけだから、リベラルにとって厳しい状況に変わりはない。でもまあ、こういう時に次へ向けて何が仕込めるかっていうことかと思います。大きな状況や権力に対して基本アーティストはゲリラ戦をやるしかないんで、それぞれがそれぞれの持ち場でゲリラ戦をやればいいと思うんですよ。

大久保　70年代からいろいろな運動に関わってきて思うのは、昔の右翼の人たちは天皇への親和性があったんだけど、今ってあんまりそういうのはなくて、排外主義だとか少女像に対する反発にしても、イデオロギー的に違う面が出てきてるんじゃないかと思うんですよ。それに対して僕らは、普遍的な価値、自由とか人権とか平等とか、そういうもので対峙していく、主張していくことしかないのかなと。右の人たちも香港の民主化運動については、中国共産党に対抗する形から応援するじゃない？　それって自由を弾圧してるのが中国政府だからってことだけど、相手が共産党だろうがどこであろうが自由や表現を弾圧するってていうこと自体に対する共通のテーブルはあると思う。そこをきっちり表現していく、メッセージを出していくってことに尽きるんじゃないかな。

津田　そういうテーブルを提示する時に、アーティストはやっぱりうまいんですよ。共通言語、お互いに乗れるものを作れる。「フィルターバブル」という単語の名付け親であるイーライ・パリサーが言っていたことなんですが、ネットってすごく炎上するじゃないですか。もうお互いがお互いを罵り合ってめちゃくちゃ分断しまくってるし、相互理解なんかなかなかできないように思えてしまう。ただ、ネットで一番荒れてない場所、意見が違う人でも建設的な議論ができている場所があって、それはどこかというと、アメリカのスポーツチームのファン掲示板らしいんですね。熱心なスポーツファンなんでうるさがたが多いし、選手起用とかを巡っていろんなことでやりあうんだけど、そうは言ってもお互い同じチームのファンだよなって、最終的に分断まではしないそうなんです。それって面白いと思うんですよ。共通の信じる価値感みたいなものがあって、お互い音楽好きだよなとか、このアーティストが好きだよなっていうところが対話の可能性を開くということ。そういった媒介としての芸術の可能性とか必要性ってのは、これまで以上に上がってるとは思います。そういう点でも、アトミック・カフェは幸いにも毎年続いているので、ああいう場所がより大事になってきている実感はありますね。

大久保　だからアトミック・カフェでは、原発反対の人だけじゃなく原発は必要だっていう人でも、それぞれ政治的な立場は違ってもひとつのステージの中で議論し合う、そういう場を提供したいなと思ってるんですよ。賛成派を呼んでもなかなか来ないけど（笑）。80年代には、積極推進派というわけではなかったですけど、浅田彰さんを呼んだりもしてたし。

津田　浅田さん、面白いかもしれないですね。次に呼べるんだったら呼びたいですね。そういえば、あいちトリエンナーレの開幕3日前くらいがフジロックだったから、実はそこでトリエンナーレの話をしてるんですよね。「右翼の街宣車が来て大盛り上がりになるぞ」みたいなことを割と楽しげに話したりしてたんで、あの時のお客さんは、8月になってから「このことだったのか！」と思ったんじゃないかな（笑）。それで愛知まで見に来た人もいたと思うし。そういう話が事前にできたことは、すごく意味があったなと思っています。

大久保　あの時は、「右翼のノイズもまた、あいちトリエンナーレの表現の中のひとつ」みたいな考え方でいると話してたね。

津田　「右翼が来るんだったら、来て侃侃諤諤やりゃいいじゃん」ていうふうに僕は思ってたんですけど、「ガソリン持ってくるぞ」みたいな凶悪な感じになっちゃったんで、そこはちょっと残念っちゃ残念です。しかし、あんなにみんなが「表現の自由」で大騒ぎしたのは戦後一番じゃないかと思うので、そういう意味では問題提起できたのかなと。それから、現実とネットでは全然違うっていうこと。フジロックもそうですよね。僕は初回のフジロックに行って途中で挫折して帰ったという思い出があるので、そこからしばらくは行かなかったんです。でも苗場にまた行くようになって、やっぱり写真とか記事で見るだけじゃ全然わからない楽しさがあるってわかった。あいトリも、結局メディアで伝えられることって本当に僅かなんですよ。連日連夜、愛知の騒動をニュースやネットで大騒ぎしているのに、現場はたくさんお客さんが来て子ども連れもいるし、音楽のライヴがあって商店街にもピースフルな雰囲気が流れていて。僕も会場を歩いてましたけど、基本的には「応援しています、頑張ってください」という声しかかけられない。いったい何なんだろう、この新聞の報道と現場で起きてることの違いは、っていう。その後のリコールに関しても、やっぱりメディアで伝えられることって少ないなと実感しました。だからこそフジロックやアトミック・カフェで体験したことって、すごい特別なものになると思うんです。本当に人生を変えるくらいの強烈な体験だし、そこから言葉が生まれるんじゃないかな。僕ももともとは実用系のライターだったので、自分の意見を言ったりするような人間じゃなかった。それが、ちゃんと自分で意見を言ったり自分の名前で勝負したりできるようになりたい――ジャーナリストと名乗りたいと思ったのは、実は奥田民生がきっかけなんです。ロック・イン・ジャパンに行った時、民生のステージを見ていたら、彼が「みなさん楽しいですか？　観客で見てるのも楽しいだろうけど、ステージのほうがもっと楽しいよ、こっち上がって来なよ」みたいな、なにげないMCをボソッと言って、それにものすごく打たれて、なんか自分でもやりたいなあって思ったんです。やっぱりアーティストの言葉って、そういうふうに誰かの人生を変える力があると思うんですよ。いまは自分はステージに上がる人間になったので、観客のそういうモチベーションを引き出していきたいですね。

――2020年のアトミック・カフェは配信という形になりましたが、手ごたえはいかがでした？

大久保　う〜ん。会場に来られないような人に向けて、もう少し幅広く見てもらおうってことで、配信みたいな形もやっていいかなとは思う。スマッシュがOKなら。

津田　本チャンは苗場なんだけれども、会場では30分くらいしか話せないから、もうちょっとじっくり落ち着いた形で、8月じゃない時期、冬とかに配信でやるっていうのはあると思います。スピンアウトみたいな。配信ライヴが定着してやりやすくなったっていうのはあるんじゃないですか。大久保さんは今後どうするんですか？　おいくつになるんでしたっけ？

大久保　今年で70。なので、今いるレーベン企画（第3章で詳述）は2021年5月で退社して……とは言っても、菅政権になっても運動的に流れは同じなんですよ。そうすると仕事的には関わらざるを得ない。だから、総がかり行動とか憲法集会とか、やらざるを得ないからやりますよ。顧問とか契約プロデューサーみたいな肩書きで。年齢的にはキツいんだけど、ちょっと疲れた時、元気にならなきゃいけない時にはボブ・マーリーの「No Woman, No Cry」とか聴いてね（笑）。

津田　音楽と社会運動は、また新しいもの、第3波が来る気もします。

大久保　今、奥田愛基が坂本龍一やアジカンの後藤正文らと「D2021」[*5]っていうのをやろうとしてるでしょう。もともとアトミック・カフェがやってたような音楽とメッセージを入れたようなイベントで。これからは彼なんかがフジロックの中でもそういうプログラムを作っていけばいいと思ってるんだけど。

津田　だったら、これまでの大久保さんの経験とノウハウと人脈を全部きちんと若い人たちに継承してもらわないともったいないですね。

＊1　YMO＠アトミック・カフェ：
坂本龍一「日本の子どもたちの将来を心配している」「僕は国を憂いています。本当に」
細野晴臣「（購入したガイガーカウンターを観客に見せながら）行政が発表する数値は低く出るところを計測したものだから、これが手放せない」「怖いということはとても大事なので、いっぱい怖がってください」
高橋幸宏「基本的には本当のことを知るより他なく、同時に心の傷を抱えながら日常生活も送っていかなくてはならない。これから何十年も続いていくことなので、子どものことを考えながらがんばっていこう」（出典：http://fujirockexpress.net/11/5630.html）

＊2　RCサクセションの『COVERS』
1988年発表の洋楽ヒット曲の日本語詞でのカヴァーアルバム。「風に吹かれて」「シークレット・エージェント・マン」「ラヴ・ミー・テンダー」「黒くぬれ！」「サマータイム・ブルース」「マネー」「サン・トワ・マ・ミー」「イマジン」ほか収録。当時、核や原子力発電の問題をテーマにした歌が収録されていたことで発売中止となる。

＊3　BLM
ブラック・ライヴズ・マター。アフリカ系アメリカ人のコミュニティに端を発した、黒人に対する暴力や人種差別撤廃を訴える国際的な運動。2012年に白人警官により黒人少年が殺害された事件（トレイボン・マーティン射殺事件）を受け、SNS上で「#BlackLivesMatter」というハッシュタグと共に拡散され、2020年にはミネソタ州ミネアポリスで起きた「ジョージ・フロイド事件」を発端とし世界的な運動へと発展した。

＊4　あいちトリエンナーレ

２０１０年から愛知県で3年ごとに開催されてきた国際芸術祭。２０１９年の第4回目では、芸術監督を務めた津田大介氏による『表現の不自由展・その後』で、「平和の少女像」などが展示されたことに対し、嫌韓感情を持つ者から放火殺人を匂わせる犯罪予告があり、展示は中止される。「高須クリニック」の高須克弥院長は、この件に関して大村秀章愛知県知事へのリコール運動を起こした（その署名には、8割を超す不正があったと報告されている）。

＊5　D２０２１

坂本龍一、後藤正文が中心となって、震災（Disaster）から10年（Decade）という節目にさまざまな「D」をテーマとして、２０２１年3月13日・14日に日比谷公園で開催されたイベント。ステートメントは、〈不条理に対する抵抗の声（Demonstration）であり、民主主義（Democracy）を維持させるためのムーブメント。多様性（Diversity）を尊重し、ダンス（Dance）や対話（Dialogue）で、社会の分断（Division）を乗り越えることを目指す。〉。佐久間裕美子、斎藤幸平、コムアイ、町田彩夏、マヒトゥ・ザ・ピーポーなどが参加した。

第2章
デモと政治をフェス化する

保坂展人との出会いから政治の世界へ

現在、世田谷区長を務めている保坂展人とのつきあいは1982年からなので、もう40年近くになる。彼は麹町中学の時、全中闘（麹町中全共闘）という中学生の政治運動グループをやって、内申書に運動歴を書かれたことで高校に進学できなくなり、「内申書裁判」というのを起こした。その頃から名前は知っていたけど、まさか後々いっしょに運動をやることになるとは思ってもいなかった。やがて教育ジャーナリストになった保坂は、自身の体験をもとに、不登校とかいじめに遭った子ども達のためのフリースペース・青生舎《せいせいしゃ》を1976年に立ち上げている。青生舎は代々木に事務所があり、僕はその近所の「市民の意見30」という市民運動団体の事務所に出入りしてたから、保坂が若い連中を連れてリーダーっぽく歩いてる姿はよく見かけてた。彼は雑誌『明星』で若者からの質問に答えるコーナーを持っていて、その文章には訴える力があったし、ルックスもいいから人気があったんだ。

保坂展人（現・世田谷区長／右）と。

保坂はそういうことをしながら、あちこち放浪し、沖縄で現地の音楽にどっぷりハマって、喜納昌吉のコンサートの企画をしたりしはじめた。知り合ったのもそこのつながりで、僕が喜納さんのインタビューを『ロッキング・オン』でやって、コンサートに行った時にはじめて話したと記憶してる。そんな縁で、自分がアトミック・カフェをやる時に「事務所がないなら青生舎のデスクを使ってもいいよ」と言ってくれて、そこへ出入りしてる子どもたちも面白がって手伝ってくれるようになった。手広い事務所で、不登校の子とか悩みを抱えた若い人がいつも20〜30人どっさり集まっていて、すごい雰囲気だったな。

それ以降は、カオスな30代を保坂ととともに過ごしていくことになる。どういうわけか彼は「土井たか子を支える会」の事務局長になり、社会党を批判しつつ、それを変えるために土井たか子を委員長にして党を改革しようと政治に足を突っ込むようになっていった。それで僕も引きずられて、土井たか子の市民秘書になったんだ。

「お尻を出した女性が踊るとは何事だ！」

青生舎や1983年にはじまったピースボートが、今でいうNPOやNGOの走りだと言える。そのうちに、ピースボートの辻元清美、青生舎の保坂、アトミック・カフェの僕に、社会党から声がかかった。当時の社会党は労組依存型の旧来型な政党で、かなり低迷していた。そこでアトミック・カフェとかピースボートといった若い子たちの運動に興味を持ち、社会党が若者・女性・市民の支持を得るためにはどうしたらいいかという意見交換をするために呼ばれたんだ。我々のやっている運動を彼らの活動でも生かせないかという話だった。

その流れで社会党が労組関係の政治集会を上野公園で開いた時、まず上野音楽堂で上々颱風のライヴをやり、それからパレードの先頭にサンバのグループをブッキングして踊らせたら、えらい怒られたことがあった。通常のデモと同じじゃつまらないから、ちょっと奇を衒って既存のものとは違う形でやろうと思ったんだけどね。「土井委員長の前で、お尻を出した女性が踊るとは何事だ！」ってさ。土井さん自身はどういうものかよくわかってなかったかもしれない。今はサウンドデモとか当たり前になったけど、そんなものまだなかった頃だからね。

こんなふうにして政党とのおつきあいもはじまり、脱原発を通じて文化人・知識人たちとの交流も進んだわけだから、アトミック・カフェをやったことが人生における財産になったのは確かだ。

土井たか子だけが市民運動に理解があった

晴れて土井さんが委員長に就任すると、「スタッフが足りない、公設秘書だけじゃとてもまかなえない、講演会などをやるにしても専従で活動できる人間が必要だ」という状況になった。そこで保坂から僕に「社会運動にも専念できるし、ロッキング・オンを辞めてこちらに来ないか」と声がかかり、「土井たか子の秘書になります」と渋谷に伝えた。1987年のことだ。それまでも、10時～18時でロッキング・オンの営業をやりながら、アフター6に運動をやる生活を続けてきたわけだから、もう仕方ないなという感じだった。いちおう送り出しのパーティを開いてもらって、土井さんも、のちに偉くなった当時のレコード会社のディレクター連中もみんな駆けつけてくれてね。そうして僕は「市民秘書」、保坂は「支える会の事務局長」っていう肩書きになった。「これからは市民に開かれた社会党だ」みたいなことを打ち出して、朝日新聞にも載ったよ。

土井たか子さんがどんな人だったかといえば、なによりも「学者」だったと思う。同志社大学の憲法学者で、天皇制も含めて現憲法を堅持しようというガチガチの護憲派。ある意味、市民派ではないかもしれない。おカタい学者肌の人だ。器量が大きかったかと言えば……担がれちゃったっていうほうが正しいかな。彼女の中にある種のジレンマはあったと思う。それでも当時、自分が市民運動をやっていて話の通じる政治家は土井さんくらいしかいなかったことは確かだ。社会党の中ですら、女性とか人権に関するいろんな問題をしっかりやってくれる人は彼女だけだった。それで、保坂とか、土井さんの秘書の五島昌子とか周りの人たちが応援しようっていうことで「支える会」がはじまり、自分もそこへ入っていくことになったんだ。

いろんな案件を持っていくんだけど、腰の重い人で、決めるまでは結構ウジウジする。でも、いったん決めて現場に行きマイクを握ると人が変わった。そういうタイプのミュー

社会党の委員長だった土井たか子さんとキノコ狩りに。

ジジャンがいるけど、彼女も同じかもしれない。とにかくカリスマ性があったから、あれだけのムーヴメントを起こせたんでしょう。

社会党が低迷し、なんとかしなきゃいけないっていう状況の中で委員長に選ばれ、そしたら見事にハマって山が動き、1989年の第15回参議院議員通常選挙や、僕が出た都議選で社会党は大躍進する。秘書として長崎の原水禁大会へ同行した時は、駅から会場までパトカーに先導された。普通、野党にはSPはついてもパトカーの先導はあまりない。それくらい野党第一党の党首として超人気で、演説会場には何千人も何万人も集まっていたよ。

プライベートではお茶目な顔を見せるこ

ともあって、保坂もいっしょに長野の支持者のところへ行ってキノコ狩りをする機会があったんだけど、その時は愛らしいおてんば娘だった。そういう素の部分があってこそ新しい政治の息吹をみんなに伝えることが可能になったんだ。

「お前が出ろ」と担がれて、都議にトップ当選

土井たか子の秘書を務めて1年半くらいした頃、ちょうど東京都議会議員の選挙が行なわれることになり、他に社会党の候補者がいなかったので、じゃあ土井さんの秘書だし、目黒に住んでるんだから、お前が選挙に出ろという話になった。そんなこんなで立候補して、自分でも当選すると思ってなかったのに、結果、目黒区でトップ当選しちゃった。

周りのスタッフも含めて誰もそうなるとは考えていなかったから、当選が確定した時、選挙事務所には自分も含め関係者がひとりもいなくて、留守番の人が「マスコミがいっぱい押し寄せてますから早く戻って来てください！」って連絡してきたよ。その時は社会党の新人が二十数人いて、そのほとんどがトップ当選。都議会の議席もそれまで12しかなかったのが36まで3倍増して第二党になった。「山が動いた」のを自分の身で実感したよ。

選挙ポスターを作る時には、とにかくポップなセンスで既存の政治家のものとは違うイ

メージのものにしたいと考えた。そこで、ノトミック・カフェの上映運動を一緒にやってくれた岡本デザインにお願いした。俯瞰のショットがなかなかキマってるじゃないか、と我ながら思う。掲げた公約のメインは消費税撤廃と環境問題だ。

選挙活動の一環として、目黒公会堂でコンサートも開催した。近田春夫、憂歌団、上々颱風、遠藤賢司、平山みきといった人たちにも来てもらった。内田裕也のバックをハルヲフォンが務めていた時、そのマネージャーだったMAKIっていう人と交流があって、彼が住んでたアパートの1階が空いたと聞いて自分もそこに引っ越したり、ずっと仲良くしていた流れで、近田さんともつきあいができていた。ただ、この時わざわざ選挙の応援に来てもらったのに、当選後バタバタしているうちにうっかり何もお礼しないでいたから、不義理をしたということで近田さんの怒りを買ってしまう。2017年に裕也さんの年越しオールナイト・イベントで会った時は、「おう、ひさしぶり……あっ、いけね、大久保と話しちゃった」なんて言ってたよ。

PANTAにも出演してもらったことがある。最初は頭脳警察の「世界革命戦争宣言」に代表される硬派なイメージがあったんだけど、実際に知り合ってみたらシャンソンとかヨーロッパのポピュラー・ミュージックがフェイバリットで、ぜんぜん左翼的じゃないラブソングも書くし、その落差が面白くてね。そういうところを知ってからすごく親しくなった。

当選した時点では都庁はまだ有楽町にあって、役所らしい重厚な建物だった。威厳のあるところに来ちゃったなあ、って感じたね。東京都議会議員は、国会議員や区議会議員なんかと比べ、その中間の位置というか、僕自身も何をやっていいのか当初はわかんなかったっていうのが正直なところ。地盤は区や市にあるので、地域の課題もやりつつ東京都全体のことを考えるというのが議員としての役割だった。

初登庁は6月だったかな。「東京都議黒い霧事件」っていうのがあって、都議会議員選挙は統一地方選と2年ズレているから、選挙期間も6月で任期が終わる（東京都政において保守政治家が絡む一連の不祥事に対し、都議会解散を求めるリコール運動が都内各地で進行し、1965年6月1日に国会で地方議会解散特例法が成立。6月3日には都議会が議決を経て自主解散した。東京都議選が統一地方選挙と2年ズレて施行されるのは、この時の解散のため。1965年7月14日の都議選では、社会党が45議席を獲得して第一党になり、自民党は38議席で第二党に転落。2年後に美濃部亮吉革新知事が誕生する）。それで6月のうちに1回か2回くらい登庁して、その後9月が最初の議会。それまでは会派構成や役員を決めたり、自分が所属する常任委員会を選んで顔合わせをしたり、そういうセレモニーで終わっていった。

初出馬の際の選挙ポスター。

トップ当選直後の選挙事務所にて渋谷陽一と。

わんにゃん議員とヤジられて

それまで僕は環境問題とか反原発をやってきてたから、最初は公害とか街づくりなどを扱う都市整備環境委員会に所属した。まず最初にやったのは、都内を走る核燃料輸送車は危険なんじゃないかという問題提起。神奈川に三菱の核燃料工場があって、そこから関越や東名を通って柏崎とか島根に輸送しているんだけど、重さとしては何十トンもある核燃料集合体を積んで4、5台のトラックが連なってパトカーの先導で走ってるわけだ。

そこで、核燃料を輸送するトラックを追っかけて、パーキングエリアとかに停まっている時にガイガーカウンターで線量を測る。そうして、放射線を撒き散らして都内を走ってるけど汚染じゃないかと指摘したんだ。会社側が示した見解としては、「まあ、そうなんだけど、安全を確保して走っています。漏れてる放射線は微量で人体には直ちに影響はありません」「万が一、事故で転倒したり炎上したりしても何百度までは耐えられます」とか、そういう答弁だったね。

核燃料の次にやったのは、犬猫問題。当時はペット禁止のマンションが多かったんだけど、こっそり飼ってた人から取り上げて殺処分にするのは問題じゃないかとね。逆に、狭

都市整備環境委員会に所属し、核燃料輸送車を追跡。

い公営住宅とかで猫をいっぱい飼ってるような人が周囲に迷惑をかけているっていう話もあったから、避妊・不妊手術もしてやたらに繁殖しないよう、飼う側にも一定のルールを作っていくべきで、むやみに処分すればいいものではないっていうことを訴えた。選挙運動をやってた時、たまたま通りがかって声をかけてきた動物愛護団体の人から「ぜひ動物実験とか殺処分の問題をやってください」と言われたので、それにマジメに応えたんだ。自分自身では飼っていなかったけど、もともと動物は好きだったし。そのせいで「わんにゃん議員」とか言われて、自民党のやつから「また犬かよー！」なんてヤジられたこともあった。

本格的な法整備には国会で取り上げても

らわないといけないわけだけど、東京都でも条例としてペットの飼育についてちゃんと制定しようと求めたんだ。今は動物保護法とかが整備されてきて、かつては虐待された場合にも物として扱われてたのが、ちょっと変わっている。それと関連して、僕自身が実現することは叶わなかったけど、都が関連する研究団体では動物実験を止めている。

それから、ちょうど環境保護地方議員連盟というのができて、その世話人になったので、リオ・デ・ジャネイロで行なわれた第1回の世界環境会議にも議員代表として参加した。リオと、クリチバっていうブラジルの地方都市まで、アメリカ経由で36時間かけて辿り着いてね。そこで国際会議が行なわれ、「ただ自然環境を守れ守れ！って言ってるだけじゃダメで、街づくりの中でいかに自然環境を残していくか、あるいは発展させていくかは、都市整備の中で計画的にやらなくちゃいけない」ということを学んだ。

例えば、森コンツェルン配下の都市計画っていうのは基本的にみんな同じようなビル林立型。そのミニチュアが各地の駅前開発で、これだと昔ながらの良き街並は失われていく。このところ進められてきた下北沢の再開発も当初はそれに類する計画になっていたのが、保坂区政のおかげでもうちょっと違う感じに落ち着きそうだ。小田急線の高架跡地をグリーンベルトにして、市民がイベントとかでも活用できる広場にすることなどを小田急側と合意しているからね。

海外視察で実感した日本の浅い民主主義

海外視察では、ベルリンの壁が崩壊する直前の東ヨーロッパにも行ったよ。ライプツィヒでは、市民が集まって民主化を求めるデモに出くわした。向こう側のツアー・ガイドは、あちらの政府側の監視役だから「ホテルから出るな」と言うんだけど、自由行動の時、密かにカメラを持って市庁舎の前にある広場で人々が集まっているところまで行き、写真を撮って警官に睨まれて帰ってきた。それだけにベルリンの壁が壊れたのを知った時は感慨深いものがあったな。ちなみに当時、ライプツィヒに近いドレスデンには現ロシア大統領ウラジミール・プーチンがKGBの諜報部員として赴任しており、彼は現地における体制崩壊のただならぬ予兆を身をもって体験したことになるね。

それからアメリカの政治事情視察っていうのもあって、各党の議員とワシントン、シカゴ、ニューヨーク、ケンタッキーなどに行った。向こうの地方議員とかと交流して米国の地方自治政治を学ぶんだ。アメリカではトップに立った人間が自分の側近を指名するから、役人のトップもガラッと変わっていく。あと、あっちは市の議会でも10～12人くらいで運営してたりするし、必ずしも議員が専門的な職業じゃなくて、別の仕事を持ってたりもする。昼間はそっちで働いてるから、場合によっては議会は夜に行なうこともあって、日本ほど議員特権が極端じゃない。だからこそ、より市民生活に近い。日本だと「当選すれば特権階級」みたいになっちゃうから、この国の民主主義の浅さっていうのを実感させられた。

国際問題的なところでは、直接都政とは関係ないんだけど、香港軍票《ぐんぴょう》というのもやった（軍用手票とは、戦争時において占領地もしくは勢力下にて軍隊が現地からの物資調達及びその他の支払いのために発行する擬似紙幣。略して「軍票」とも呼ばれる。最終的には、その軍隊が所属する政府によって軍票所持者に対し債務支払いを行う必要があるが、敗戦国の場合、支払能力がないため反故にされる場合もある）。

太平洋戦争で日本が香港を占領した時、軍事物資を買うお金がなかったのか、香港市民の財産、香港ドルを軍票に変える形で収奪した。ところが、当時の日本軍がそういう行為をしたのに、敗戦国になったからと財産の補償を何もせずほったらかしにしていたわけ。それで香港の被害者たちは「香港搾償協会」っていうのを作り、日本大使館に押しかけてたんだけど、それを知った桜庭邦明という知人のジャーナリストが取材をして、この問題を日本でもっとちゃんと伝えてもらえないものかと相談してきた。じゃあ実際に話を聞こうって香港まで自費で飛んで、当事者たちから話を聞いてね。どこかにそういうことをや

ベルリンの壁が崩壊する直前のドイツを視察。

ってくれる戦後補償の団体がないかと思ったんだけど、見当たらないんだ。しょうがないから「香港軍票を補償する会」というのを作って、土井さんや何人かの国会議員を通じて政府へ働きかけ、弁護団5人くらいで何十億円かを請求する裁判を起こし、その代表を務めた。

その頃は、年に2、3回は香港に行ってたよ。裁判は一応、地裁・高裁・最高裁まで行って、最終的には負けてしまった。でも、社会的に訴えることが必要だったし、戦後補償の一環として、香港軍票っていうものがあるんだってことを明らかにしておかなきゃいけないと思ったからね。

森田健作は応援できない！

政治的には「反ＰＫＯ闘争」というのがあって、これは先頭に立ってやった。いわゆる海外への自衛隊派遣の問題に対し、国会議員面会所前に立って毎週マイクを持ってああだこうだと演説していたよ。

１９９２年の参議院選挙で、東京の連合と社会党は無所属で出る森田健作を推薦するっていうので、それに僕らは反発して、内田まさとしっていう弁護士を立てて戦った。そしたら、党の推薦しない人間を推したっていうことで処分を受けるハメになってね。まあ訓戒くらいで済んだけど、東京都連合の委員長とかから呼び出されて「森田健作じゃなくて、一般の候補を応援しているって噂を聞くけど、どうしてだ！」って怒られたんだ。だから「いくらなんでも公然とＰＫＯを支持する森田健作じゃおかしい。推薦したこと自体がよくないんじゃないか」、「社会党としてＰＫＯ闘争をやってきたわけだから、反ＰＫＯを表明してくれている候補を、その人が共産党ってわけでもないんだし、私としては支持したい」と意見した。

なかなか正統派では生きていけない人間なので、いつもどこかに反発してしまうんだ。

この時も始末書くらいは書いたと思う。でも、そんなのいくら書いても大したもんじゃない。表立って処分しちゃうと党自体もなんだかんだ言われるから内々で収めようとしていたし、他にも反発してた議員は大勢いたからね。

スティングに対する環境庁の残念な態度

1989年5月、元ポリスのスティングがアマゾンの熱帯雨林保護を訴え、現地の先住民カヤポ族を連れて世界中を回る「SAVE THE RAINFOREST ワールドツアー」の一環で日本を訪れた時、音楽業界と政治の世界の両方に接点がある人間として、僕がスティング側と国の間をつなぐ役目を任されたことがある。

森林保護を訴えるスティングを環境省へアテンド。

この時の環境庁の対応にはまいってしまった。歓迎のつもりなのか知らないが、玄関には「有名人が来るというので見に来ました」というノリの職員たちが大勢で待ち構え、ミーハーなファンのごとくキャーキャーしている。それだけならまだしも、招き入れられたスティングには、義援金だか寄付金だか5万円ほどが手渡された。もちろんスティングは金なんかが欲しいわけではなく、日本が国として森林破壊の問題に対し何らかの声明を出すような話を求めてきているのに、お役所の対応はお車代。大概の日本の公務員よりはお金持ちであるに違いない人間に「はいはい、これどうぞ」と5万円が差し出された時の相手の困惑ぶりを間近で見て、なんとも気まずい思いをしたものだった。

野党が与党になって面喰らう

有楽町にいた2年間は野党。そして任期中に新しい都庁＝新宿に移ったら与党になった。要するに、当時の社会党執行部は、鈴木都知事と協定を結び、永田町的に言うと「閣外協力的に与党化」したんだ。我々は派閥的には左派だったから反対したんだけど、都議会の社会党は右派系の人たちが多かったから、反対してもダメだろうということで仕方なく従った。というわけで、古い都庁と新しい都庁の両方に通い、野党と与党の両方を体験している。

与党になったら途端に各局へ予算も政策も通しやすくなったので驚いた。野党であれば別に聞く耳なんか持たないわけだけど、与党である以上ある程度は回答していかないといけなくなってくるからね。例えば地元の商店街が振興のために都から補助金とか助成金を貰いたいという時、議員が口を聞くことなんかに繋がっていく。

年に1回は順番で都議会の大議事堂にて行なわれる委員会の代表質問に立っていたんだけど、最初はこっちが一方的にやってただけだったのに、与党になってからは質問を作って提出しておくと、「ここはちょっとこういう風に聞き方を変えてもらわないと、いい答弁ができませんよ」ってアドバイスが来るようになった。要するに、与党議員が相手だと鼻をくくったようなのじゃなくて、ちゃんとした回答をしなくちゃいけないわけだ。自民党の議員なんか質問までまるまる作ってもらっちゃう人までいた。でも僕はやっぱり市民運動の窓口みたいなものだから、いろいろなところから持ち込まれる話を全部ワープロで打って質問にしていたよ。

そんな折、地元の道路で、目黒通りまで降りる坂が古くなってデコボコしているので、近辺のタクシー会社から「もうちょっと整備できないか」っていう陳情があった。その話をしたところ、すぐさま都のほうから伝わったらしくて地元の建設会社の役員がすっ飛んできた。「道路の不備がいろいろあって申し訳ございません、今度ちゃんとやりますから」

ってさ。「ああ、権力を握ったわけだ」と実感したよ。人によっては居心地がいいんだろうけど、僕自身はこういう性格なんであまりいい気持ちはしなかった。ある種の利害関係が発生するような会合とかで、議員の立場で挨拶するっていうのも嫌だった。名刺をもらっていろいろな陳情を受けるわけだけど、口利きってやつはどうも運動の時のノリとは勝手が違ったんだ。

都議は許認可が業務だから、直接的に都民のためというよりも、企業とか商店街なんかにお金を下ろす、その利益誘導みたいなことがどうしても出てきてしまう。東京都の予算といったら日本全体の10分の1で、当時でも10兆とか11兆。その配分は都議会の承認がなければ通らないわけだし、ヘタな国会議員より権力がある。僕は1年生議員だったから接待とかほとんどなかったけど、目ざとい人間は公安事業とか土木関係の委員会にすかさず入り込んでいく。そういう世界だっていうことがわかったのもいい経験だったかもしれない。

あらためて自分がやってきたことを振り返ってみると、犬猫殺処分反対、ＰＫＯ反対、核燃料輸送反対、街づくりの環境問題、他にも臨海問題とか、企業の利益なんかまったく関係ないっていうか、むしろ開発阻止側。金にならなそうなことばかりだ。

1990年にはオリビア・ニュートン・ジョンが環境親善大使として来日したので、もっと新しい社会党のイメージが一般の人々に伝わるんじゃないかと思い、土井さんと対面させるイベントをやったりとかもしたけど、それこそ都政には何の関係もないもんね。まさに金にも票にも結びつかない、スキマ議員。道路を作ったり橋を作ったりするのが王道の地元密着型議員と違って、人権だとか平和だとか一文にもならない運動や政策に、どうしても気持ちがいってしまうんだから仕方ない。

自分の役目は何なのかと問われたら……弱者に対し誰であれ応援を惜しまないという行動原理なのかというと、それはまた少し違う気もする。困っている人に感情移入したり、直接救ってあげようなどと考えるのではなく、政治的な問題があることに共鳴すれば、それを広く世間に問うのが自分の資質であり役目かなと思う。そういうやつがひとりくらいいてもいいいんじゃないか、とね。

ドブ板スタイルになじまず、4年で議員生活終了

次の選挙で負けたのは日本新党ができたから。この時の都議選では日本新党の新人がいっぱい出馬して、それがみんなトップ当選した（日本新党は1993年6月の東京都議会議員選挙で

はじめて本格的な地方選に挑み、22人の公認候補者を擁立、20人が当選、推薦を含めて27人で、都議会の第3勢力に躍り出た。7月の第40回衆議院議員総選挙では細川護煕や小池百合子が参議院から衆議院に転出するなど追加公認を含め57人を擁立、35人が当選する)。そのわりを食ったのが社会党。「それまで野党だったのが与党になってなんだ」という反発もあって、人気が急落してしまった。

せっかく消費税反対のムーヴメントに乗って参議院選挙では第一党になったし、労組出身じゃない「土井チルドレン」と呼ばれるような新しいタイプの人たちも入ってきて「社会党が変わる」という雰囲気が生まれたのに、今や都議会に社民党の議員はひとりもいない有様だ。

自分も落ちるとは考えてなかったし、よもや1万票しか取れないとは思っていなかった。当選した時は3万2千票とって「目黒ではじめて出た数字だ!」って言われたのにね。要するに2回目には、社会党がもともと持っていた票しかとれなくて、全部日本新党に持っていかれた。東京の都議会選挙は永田町の政治的な影響をもろに受けるので、常にその時の政局のバロメーターになるんだ。

それから、目黒区の人口が減って定数が4から3になったこともあって、日本新党と自民党と公明党で決まってしまった。僕が当選した時は公明党の候補が落っこちたんだよね。そしたら次の選挙では、創価学会員がバスを連ねてやってきて、ものすごい戸別訪問潰しをやってたって聞いたよ。つまり、僕や僕の支持者が尋ねたところにすぐ飛んで行って、ひっくり返されていくという。それまで公明党が落としたことのなかった目黒で、僕のせいで議席を失ってしまったので、敵だと見做されてたみたい。23区には必ず1名ずつ公明党の都議会議員を入れるというのが至上命題で、それが崩れたのは大失態だったんだって。それで、その弔い合戦というか、少し前の沖縄県知事選を凌ぐほどの力の入れようだったたってわけだ。

たられればの話だけど、社会党が鈴木都政の与党になることを選んだ時、我々としては何人かで会派を出ようかっていう話もしていた。無所属になっていたらある種の筋を通したということで、2度目の選挙では日本新党の推薦を受けられて当選していたかも。でも目黒からは、現在は立憲民主党にいる手塚仁雄が日本新党の候補として先に出てしまった。

この頃から社会党自体も本格的にガタガタしてきて、小選挙区制とかをめぐって分裂していく。青評議員と呼ばれた小選挙区に反対する集団ができて、最終的には國弘正雄や田英夫とともに僕も社会党を出て、平和市民という新党を作ることになった。

もともとそれほど議員になりたかったわけじゃないし、バッジをつけるために必死でやろうっていう意欲は正直薄かったかもしれない。政治をやるにしても別にプロ政治家にならなくたっていいし、どうしても運動家の方向に姿勢が傾いちゃうしね。戸別訪問も朝の演説もイベントもやったけど、どうしても空中戦が多くなってしまった。地元のお祭りとか町内会の会合だとか、そういうところへマメに足を運んで顔を売っていく自民党的などブ板スタイルを4年間のうちにあまりやらなかったっていうのも大きい。新年会には出たけどさ。社会党は労組頼りだから、それこそ1月2月は毎日のように会費を出して、何十件と回らなきゃいけない。それだけでお金がなくなっちゃうんで、そのために貯めておかなきゃいけないくらいだった。

音楽業界からも寄付金をもらってはいたけど、特にスポンサーはいなかった。パーティなんかも選挙の時以外はそんなにやらなかったし。最初の選挙では1000万かかって、そのうち200万くらいは自己資金で、回収はできなかったから、ボーナスとかを貯めてなんとかした。当時の月給はヒラ議員で100万だけど、生活費もあるし事務所代もかかる。他に政務調査費が60万ほど出るけど、会派に所属しているから20万とられて、残りの40万で秘書を雇って事務所を維持し、給料も含めて供出しないといけない。なおかつ次の選挙の資金も貯めなきゃいけない。けっこう貰ってるようで支出が多いから、手元に残るのは30~40万くらい、ロッキング・オンに比べて若干マシなくらいだった。

議員になる前後からロック・イベントの企画をやっていたので、会社を作ったら?というアドバイスを会計士から受け、議員2年目くらいの頃に「ボーイズアンビション」という有限会社を作った。名前の由来はもちろんクラーク博士の言葉「少年よ大志を抱け」から。89年に当選、93年に落選して、94年に國弘先生の秘書になるまで1年ちょっとの間は、ボーイズアンビションで企画のサポートとか、コンサートの音響照明のブッキングを請け負って生活費を稼ぎ、事務所を維持した。それが後にレーベン企画での仕事につながっていくわけだけど、まあ実質的には、品川区の職員だったカミさんに食わせてもらってたよ。

落選したらどうやって暮らすのか？

ぶっちゃければ、落選してしまうと議員は「ただの人」になって収入もなくなる。そこは自分としても何をしたらいいのかと考えなくてはならなかった。「ここですっぱり足を洗おう」とは思わなかったね。

当時は小選挙区制の導入に関する問題だとか、政治的に重要な課題が渦巻いていた時期で、その渦中にいたから、どうしてもそこをスルーして、「もう政治のことはいいや、今までいた音楽業界に戻ろう」とは考えられなかったんだ。なんとなく担がれて政治の世界に入ったのが、落選してはじめて自分の意思で政治にアプローチしたいと考えるようになったのかも。

そして、その頃ちょうど「政策秘書」という制度ができたばかりで、國弘正雄議員の政策秘書の枠が空いていたから、そこに志願することにした。

國弘さんは、ハワイ大学を卒業して通訳になり、サイマル出版会から『英語の話し方』というベストセラーを出して、英語を勉強する人たちにとってはカリスマ的な存在だった人。その後は、三木武夫が外相の時に政務秘書官、総理になった時には外務相参与としてブレーンをやって、民間からの外交アドバイサーとして実績を作った。さらに、文化放送の「百万人の英語」の講師や、NNNのニュースキャスターも務め、「同時通訳の神様」「日本のエドウィン・ライシャワー（アメリカの東洋史研究者、ハーバード大学教授）」なんて言われていた。

そして、土井たか子に請われて社会党から参議院議員に立候補し当選。なんで土井さんと繋がったのかはよくわからないけれど、とにかく國弘さんは土井たか子を高く評価していた。保坂と僕で「土井たか子を都知事選に担ごう」と、まずは國弘さんを口説き、國弘さんを旗頭に土井さんに食い下がったけど、結局は固辞されたということもあった。

政策秘書になるには国家試験を受けなければいけないのだが、この時は「著作物を出している」とか「一般の会社に10年以上務めていた」経験があれば、無試験でも免状をもらえた。僕はロッキング・オン社に合わせて10年いたし、香港軍票についての本をまとめた時、そこで一筆書いていたので、それを著作として出したら通っちゃった。免許は総務省が発行した。

そんなわけで僕は、筆記と論文の試験を受けずに済んだ。実際のところ政策秘書の免状を持ってる人は余っている。もともと議員の数は700人くらいしかいないわけだしね。それに、議員活動における金の流れも含め、表にも裏にも関わるわけだから、正直言ってヘタな人は入れられない。関係者の紹介や身内、党の推薦がないと採用されない。

僕自身はあまり目先が利かないけど、秘書の中には自民党から民主党になったりとか、政党に関係なく当選議員のところを渡り歩いて仕事を続ける人もいる。秘書って何十年かやると表彰もされるし、年金だけで暮らしていけるくらいのお金がもらえるんだ。準国家公務員で、秘書年金は二階建て。僕も一応10年やったから、微々たるもんだけど年金は貰えてる。

ただ、そんな話より重要だったのは、国会議員の秘書になれば都議時代に取り組んでいた様々な課題について、引き続き自分がついた議員を通じて解決していくという手段もありうるなと気づいたこと。都議会議員の頃、いろんな陳情とか請願を受けても、国の政治から変えなければどうにもならないというケースが多かった。そういう問題は、どのみち社会党の国会議員を通じていろいろと動いていたわけで。市民運動をやってる人たちも、議員を落選したからって「それならそれで、やれることあるでしょ」って、ほっといてはくれない感じだった。こっちも「もう落選したから知りません、さようなら」という性格でもないし。その時は「1回落選したからって、次の選挙もあるんだからリベンジしろ」とまで言われていた。実際、1997年には「市民の声・東京」という団体を作って立候補したしね。

新党立ち上げで「リベラル」という言葉を使う

國弘先生の政策秘書になった後、青票議員といって小選挙区制度に反対した20人くらいの人間が社会党を出る事態が起きた。それを受けて國弘正雄と田英夫は、次の選挙は新党を作ってやっていこうという話になり、社会党の左派および市民派のグループといっしょになって「護憲リベラル」という会を作る。ただ、実際に新党として旗揚げする時になって、社会党最左派の人たちは「〝社会〟っていう言葉が党名に入ってないとダメだ、社会主義を標榜して活動しているわけだから」と言い出してね。でも我々は「それじゃあ社会党を引きずっているばかりで新鮮味がない」と考えて、「平和市民」という新党を立ち上げることにした。分裂した左派の人たちは「新社会党」という形になっていった。我々は、國弘さんと田さん、伊藤まさとし、あとふたりほど入れて、5人集まれば政党案件を作れるから、国会における新会派として『平和市民』を立ち上げ、その事務局長を僕がやった。

「護憲リベラル」っていう言葉は、当時は新しかったと思う。國弘先生は特にアメリカの民主主義の申し子みたいな人だったから社会主義者じゃないわけだし、そこで「リベラル」っていう言葉が出てきたんだろう。そこに憲法を守るっていう意味で「護憲」という言葉をくっつけたんだ。ただ「護憲リベラル」じゃ政党名としては長すぎるから、もっと市民的な名前を標榜しようというところで「平和市民」という政党名にした。結果的には田さんしか当選しなくて、國弘先生は落っこちてしまう。だから自分の政策秘書としての仕事もそこで終わってしまった。

そこで1997年の都議選では、「平和市民」を応援する市民運動団体の皆さんと「市民の声・東京」という政治団体を作って日黒から出馬した。僕が目黒で、他に江東と杉並の合計3区でね。3人以上だと候補者カー以外の車を動かせるんだ。

「護憲リベラル」の会報誌。

結果としては1万票にも達せず、数千という散々な得票。なんとか供託金没収にはならなかったけどね。3千票以下だと没収になってしまう。そんなわけで、それ以降は金もかかることだし立候補はもう諦めようと決めた。

こうして再選を諦めた時、ちょうど降って湧いたように、社会党が民主党と社民党に分裂した。それで保坂とか辻元とか、いわゆる土井チルドレン2代目の人たちが社民党で立候補して当選を果たす。保坂のところの政策秘書の枠が空いていたので、自分は免状をすでに取っていたことだし、今度は保坂の政策秘書になって、再びお国から給料をもらう身分に返り咲いたというわけ。

政策秘書の仕事は人それぞれ、月収は50万ちょっと。弁護士出身で政策アドバイス専門の者もいるし、政策秘書って名前だけど、実質的には第一秘書・第二秘書と変わりなく、議員のかばん持ちとして地元を動き回ったり国会のサポートをする人間もいる。どっちかといえば僕は、保坂といっしょに政策を練り上げるというよりも、地元の団体とか労働組合の関係から陳情を受け付けてさばいたりとか、選挙関係の組織化とか、そういうことを担う立場だった。

今も外国人労働者の問題は続いているけれど、その時すでに入管の関係では保坂が一生懸命動いていたから、よく牛久の入管施設から電話がかかってきた。待遇の改善とか施設から抜け出すための助力とか、法務省とのかけあいに関して間の事務を繋ぐのが僕の役目だった。「保坂事務所の大久保に連絡すればなんとかなるかも」っていう感じでね。とにかく入管は扱いが酷いからさ。

保坂は「死刑廃止議連」や「公共事業チェック議員の会」というのもやっていて、そこには中村敦夫とか田中康夫もいた。そこの事務局長も保坂だったから、こういったところの世話役というか、どこそこへ視察に行く時の手配とか、そういう一切合切も仕切っていた。死刑廃止関係では、弁護士との間に入って、政策立案のための下準備を進めたりもしたよ。死刑について自分は「人が人を殺していいなんていう制度は、どう考えてもおかしい」と思う。人は誤審をする生物だ。それで殺されたらたまったもんじゃないし、そもそも執行したほうだって、生涯悪夢にうなされ続けるだろう。

辻元清美の政策秘書、国交省に出入りする日々

２００９年の選挙で民主党が勝って政権交代が起こった時、保坂はそれまで東京６区だったんだけど、そちらには民主党からＮＨＫ出身でお父さんが東大の総長だった小宮山洋子という人が出るので、彼女に選挙区を譲って８区に移り、石原伸晃と対決して残念ながら１万票差で負けてしまった。彼が落選したことで自動的に僕の政策秘書の仕事もなくなった。

さあ今度はどうしようかってなった時に、ちょうど辻元清美の政策秘書の席がひとつ空いていたので、「１年後には別の人が資格を取って政策秘書になる予定だけど、１年間だけでもよければ働かないか」と言ってもらえた。そしたら民主党と社民党の連立政権が成立し、なんと辻元は国交省の副大臣に就任しちゃった。つまり政権側になり、僕も副大臣の政策秘書として国交省に日々出入りする身になった。

ちなみに２００２年、土井さんの秘書だった五島昌子という人が秘書の給与をプールして後援会に寄付金として入れる手口の指導をしたという件で逮捕された時、辻元も一緒に捕まったわけだけど、彼女が保釈された時には、たまたま車を持ってたこともあって僕が

警視庁まで迎えに行き、報道陣との追走劇をやったりもした。身柄を引き取って車に乗せて、そうするとマスコミがつけてくるから、別の車を待機させたホテルの駐車場へ行き、そこでいったん降ろすようなふりをして、また他の出口から出る、なんていう段取りでね。

辻元清美は、関西系でハッキリとものを言うお姉さん。運動家としての師匠は小田実で、政治家としての師匠は土井たか子。昔は「おじさん殺しの辻元」と言われていて年配の男性に人気があった。筑紫哲也も応援してたね。なんでも臆面なく飛び込める人で、そこが素晴らしかったからピースボートも大きくなったんだ。最初は議員になるつもりなんかなかったのに、土井さんと知り合ったことが大きな転機だったんだろう。

逆に小田さんは小田天皇とか言われて、偉すぎるというか言い出したら聞かないというか絶対に引っ込めないし、喋らせたら3時間でも4時間でも喋ってるような人だった。市民運動って割と「軟」の部分もあるんだけど、あの人は「硬」の部分というか、権威主義的でね。そうじゃなかったら運動を引っ張れなかったんだとも思う。僕はちょっとしたトラブルがあった時、「お前の責任だから、大阪の自宅まで謝りに来い」って言われて、しょうがないからわざわざ行って土下座して謝まって、罵倒されて泣かされたよ。そこそこ立派なマンションに住んでたな。

音楽業界と政界の人脈を生かして

現在やっていることを補足すると、ボランティアで「白金幼稚園の自然と子どもを守る会」の会長を、この15～16年務めている。白金幼稚園は目黒駅の近くで、地面がそのままむき出しになっている謎の運動空間を持っている。戦前はいわゆる国立付属の教育機関だったところで、高松宮さんがその近くに住んでいた。幼稚園が国の機関から離れた時、私立として存続するために協力してもらった関係で、高松宮さんは幼稚園顧問になっていたんだけど、それが建設会社からしたら怖くて、そこの土地には開発の手が出せない。ただ、それまで卒園式・入園式にはいつも来てくれてたのに、病気になってからは来られなくなってしまって、すでに縁は切れていたから関係性も微妙になってきてね。やがて高松宮さんは亡くなってしまったので、僕にできたのは南側に竣工予定だったビルによって遮られる日照を、なんとか確保したくらい。

それから、品川まちづくり協議会の一員でもある。騒音や環境問題、特に羽田の飛行ルートなんかの会合には必ず関わっている。

そして、2011年から世田谷区長になった保坂展人の政務相談役の仕事。区政には関われないから、保坂展人の政治家としての仕事をサポートする役割を担っている。組合関係とか、外から持ち込まれる区政を直接通すと面倒な案件とか相談事について、クッションとして僕が受けて、政治的に解決できるかどうかってのを保坂と相談して決めたりしている。

その保坂を最近応援してくれているのが渋谷陽一で、世田谷区長になってからの政治手腕を高く評価しているようだ。お互いなんだかんだ必要となることが多くてね。結局、僕と渋谷とは腐れ縁なんだよな。

なんでこんなにいろんなことに首を突っ込んでるんだろうな、とは思う。とにかく人に会うのが仕事で、「もし自分が大久保さん並みに人と会ってたら、精神が崩壊してると思う」と言われたこともあった。

第3章

フェス・デモ
仕切りの法則

デモのプロ「レーベン企画」とは

レーベン企画は、労働組合をサポートして大会の運営を仕切ったり、講演会の講師を派遣したり、選挙の手伝いなんかをする会社。

そもそものはじまりは、四人囃子とよく対バンしていたあんぜんバンド（後に西城秀樹や少年隊に楽曲提供する長澤ヒロのグループ）のオフィス「浦和ロックンロールセンター」にあった。2018年には関連バンドを集めた『ウラワ・ロックンロール・センターの軌跡』というCD21枚組ボックスも発売されているウラワ・ロックンロール・センターは、市議会議員・県議会議員でもあった小沢遼子が代表を務めた市民運動団体「浦和市民連合」（埼玉べ平連の後身）とも関係が深く、ここに山本秀俊という男がいた。僕は四人囃子やあんぜんバンドを通じて彼と知り合いになる。山本はもともと越谷市の職員で自治労の組合員だったのだけど、労働争議があって解雇されてしまい、上野で戦前から演歌や民謡の興行を仕切っていた父親の会社「山本芸能社」を継ぐ形で「レーベン企画」を設立した。

デモのステージを支えるレーベン企画のスタッフ。右端には現場を見守る僕の姿も。[写真：今井明]

主なクライアントは連合傘下の組合、自治労や日教組、官公労など。昔の講演企画では、春闘や秋闘の時なんかに経済学者を招いて組合員のみなさんでお勉強しましょうっていうのが多かったけど、最近はそういうんじゃ若い人が来ないから、もっとアトラクション的にスポーツ選手とかメディアに出てる人たちを呼んで、「メンタルケアについて」みたいな内容のものを頼まれることも多い。先日は、埼玉にある土建組合の50周年式典の依頼を受け、予算に応じて何人かファイリングされてる候補を示したところ、先方が「桑田真澄がいい」っていうんで話をまとめた。大リーグ時代に実践していたモチベーションアップの話とか、面白かったよ。

最近では組合員向けの婚活援助までやっている。労組の若い子たちに出会いの機会を提供する目的で、いっしょにご飯を作るとか、そういう企画のセッティングだ。以前から組合のビア・パーティにタレントを呼んだり、音響関係の設備を手配する仕事をしてきたので、若い人たちが異性と接する機会が少ないって聞いた時、じゃあ婚活に特化した場を提供しようかって試しにやってみたんだけど、以後どんどん依頼が来るようになったかと言えば……あまりない。みんな自分たちで勝手に合コンするようになってしまってね。よく考えたら、そんなのわざわざ企画会社を入れて開催する必要ないもんな。

僕自身が作った会社ボーイズアンビションは誰も雇わずにひとりきりでやってたから、依頼された仕事はレーベン企画や、つきあいのある音響の会社にふっていた。そんな関係を経て、２００９年に保坂展人が落選して秘書の仕事がなくなったタイミングで、２０１０年にレーベンへ入社することになる。「レーベン」はドイツ語で「ＬＩＦＥ」の意味。大時代的だよね。

そしたら２０１３年になって山本が退任したいと言い出し、本来なら次の社長になるべき人間もいたんだけど、その人は直前にケンカ別れして独立しちゃったので後任がいなくなってしまい、僕が引き受けることになった。内田裕也のマネージャー、ロッキング・オンの営業、都議会議員と秘書、レーベン企画の社長、そして裕也さんの葬儀の受付……「他に誰もいないからお前やってくれ」っていうパターンが多い人生だね。

2018年になってレーベン企画の社長を退任したのは、別に会社として定年制を取っているわけではないけれど、本来なら65歳くらいで辞めるべきだし、もうフリーになりたいと思っていたから。なかなか辞められなかったけど時期を見計らってね。今は社長ではなくなったものの、社員としてまだ会社には残っている。肩書きは勝手になんでも名乗っていいというから〝チーフ・プロデューサー〟にした。「会長でどうですか?」って言われたけど、いやあ、会長っていうのは何か違うだろうって。

日本初の政治集会専門イベンター

2011年以降には、福島原発事故が起きたことで、NO NUKESなどの反原発運動が一気に活発化し、大きなイベントや集会が企画されはじめる。震災と第2次安倍政権によるあれこれをきっかけに、反原連とかSEALDsとかの新しい運動が大きな動きとなって、そうした運動の場の音響や舞台の設営、運営全般を仕切る仕事がレーベン企画の柱になってきたんだ。それまでに自分がやってきたことを考えても、すでに人脈は十分に出来上がっていたし、実際のところ、そういう現場をうまく仕切れるのはうちの会社っていうか、僕しかいないだろう。

いちばん最初は、女性人権団体が国会前にスピーカーを持ち込んだそうで、それを見た別のグループの人たちが、「あれを自分たちもできないか？」って相談してきてね。話を聞いてみると、先にやった人たちは結構いい値段をとられていたことがわかったので、「それよりもっと安くできますよ」と返したら、「じゃあ、よろしく」と以来ずっと任されている。

このところの年間スケジュールを見ると、まず大きなのが3月と9月に年2回やっている「さよなら原発全国集会」。これは、２０１２年7月16日には代々木公園に10万人も集まった。

次に、毎月1回、安保法制が成立した19日に「総がかり行動・国会前集会」っていう市民団体による「19日行動」という国会前の定例化した集会がある。これは共産党系の労働組合と市民運動団体の皆さん、それと連合の中にある平和フォーラムっていう大衆組織、その3団体プラス個人参加の総称である「総がかり行動実行委員会」から発注される形で請け負っている。

そして、憲法改悪の動きが怪しくなってきあたりから毎年5月3日の憲法記念日に行なわれている「憲法集会」。3〜5万人規模で、ここ何年かは東京臨海防災公園にて開催されている。

5万人規模の集会をどう仕切る？

5万人規模の集会で使う音響設備は、野外ということもあって、フジロックで使っているものにも近い。ステージは幅10メーター、奥行き7・2メーターくらいで、昼間だから照明は入れないけど、端のほうや後ろにいる人たちにも見えるように両脇に置くスクリーン、移動用のヴィジョン・カーも入れるし、ステージ前のフェンスや柵も作る。現場では前日の朝から夕方くらいまでかけてステージを組む。舞台と音響まわりに加え、必要ならミュージシャン（中川五郎、PANTA、エセタイマーズ、the LOW-ATUSなど）によるゲスト・ライヴのブッキングなども行なうし、もうほとんどロック・フェスと同じだ。

デモの仕切り自体は基本的に主催の人たちでやる。マスコミへの事前告知をしたりすることもあるけど、取材に来た人に対して特に気を使うようなことはない。記者会見は主催者側の仕切りで、例えば「さようなら原発集会」でいうと、平和フォーラムの代表が司会を務めて、大江健三郎、坂本龍一、鎌田慧、落合恵子、澤地久枝といった文化人の皆さんに発言者として出てもらうという形でやっていた。

ただ、「さようなら原発」みたいな数万人規模になると、参加者の整理の仕方、導線をどっから入れるか、どこに出店ブースを作り、どこに舞台を作るか、そういう青写真を描くのもうちの仕事になってくる。正門のところに何人、駐車場には何人くらい警備が必要ですなんていうところまで僕らで考えて、主催者に「これだけボランティアを用意してください」っていうような話もしなければならない。あとは、各市民団体の人たちが自分たちの活動を宣伝するためのブースを出す場合、そのためのテントを何十張りとか用意したり、仮設トイレを用意したり、ケータリングを手配したりもする。結局、郡山ワンステップからずっと変わらないことを続けているわけだ。

フジロックだって、スマッシュの社員の数ではあれだけのフェスをやれるわけがないし、要するにイベントの設計図を作るような感じかな。いろいろな野外フェスで仕事をしてもらっている音響スタッフ（株アコースティックなど）も、仮設トイレのレンタル会社（株ユーケンなど）も、ゲストで呼ぶミュージシャン関係との繋がりにしても、まったくフェスと同じ人脈だ。

もちろん、ロック・フェスティバルより難しい部分も多い。観客がチケットを買って来場するわけじゃないし、不確定要素は高いからね。マニュアルというものは特にないま

2015年8月30日の戦争法反対国会前行動。[写真:今井明]

定例の「5月3日 憲法集会」。2015年は横浜で開催された。[写真:今井明]

ま、自分の経験からこの場合ここはこうしてくれっていうのを事前に打ち合わせておいて、その場の判断で動いていくしかない。その最たるケースは右翼対策だろう。右翼が街宣車に乗って集会を妨害しに来た時、どういうふうに対応するかは僕らと主催者が警察と相談して、その場その場で決めていかなきゃいけない。

ロック・フェスのノウハウを踏襲して

近年は9月25日に「気候マーチ」というのが行なわれている。スウェーデンのグレタ・トゥンベリさんに共感した世界の若者が立ち上がり、全世界で9月25日にデモンストレーションをするんだけど、2020年はコロナ禍なので、メッセージを入れた靴をあちこちに置くパフォーマンスをやることにしたそうで、これをどうやったらいいかも相談された。

そこで、まず想定している規模を確認し、希望している場所は国会正門前だというので、それなら麹町警察の管轄だから警備課に電話して「こういう企画を実施したいんですけどいいですか?」と問い合わせてください、許可がどうこうという話ではないので、やりたいと意思表示だけしたらあとは向こうが教えてくれますよ……みたいな感じで答える

2012年7月16日の「さようなら原発10万人集会」。[写真：今井明]

同集会では坂本龍一もステージに上がりスピーチを行った。[写真：今井明]

んだ。

単にアドバイスだけで終わることもあるし、そこから、じゃあ現場に車を用意してほしいとか、舞台を作りたいから音響もやってほしい、さらにはアーティストを呼びたいからブッキングも……と引き受けていく場合もある。

集会ではなくデモがしたいというのであれば、やっぱり何人くらいの規模でどういう主張なのかを、所轄の警察署に、「何月何日どこそこの公園でこのくらいの人数でやる」と申請してください、と説明する。デモは48時間前までに伝えなければいけないんだけど、最低でも1週間くらい前には行ったほうがいいですよ、とかね。こういう形態はダメとか、このコースは通れないとか言われることもあるから、直前にそうなったら対応できないでしょ。

あと、臨海公園で5万人～10万人も来るような集会をやる時は、事前に鉄道会社に対しても「この日こういう集会があって何万人が移動するので、列車を増便できないか」って話しておいたほうがいいですよ、とか。警備面では、100人じゃ足りなさそうだから200人くらいはいたほうがいいんじゃないか、とかね。トイレは「500人に対して1個」というのがイベントのマニュアルにあるから、この場合は何百個用意したらいいんじゃないでしょうか、なんていう話もする。そのへんは、やっぱりロック・フェスを踏襲し

2020年のアトミック・カフェは配信で開催された。経済思想家・斎藤幸平のほか、巻上公一、大島花子、細美武士などが出演。[写真：小野田麻里]

ているところも多い。これまでにフェスや運動で培った経験から、いろんな事態を想定していくんだ。

2020年も半ばを過ぎて、「イベント開催時のコロナ対策マニュアル」というのを、僕も貰ったよ。Jリーグとプロ野球スポーツ協会が作成したものを、電通がマニュアル化したという何十ページかの冊子が、イベンター関係全般に回ってきたんだ。そこに、数万人規模でやるとしたら、飲食の管理はどうしろこうしろと書いてある。読んだ感じ、できないことはないと思うけど、かつてやっていたことをフルで実現するのは、まだしばらく無理だろうな。

２０２０年はフジロックがなかったので、アトミック・カフェをリモートで開催してみた。ゲストにマルクス主義研究の経済思想家・斎藤幸平を呼んで、「コロナ後の世界」をテーマにトークをしてもらった。４００人くらいが視聴してくれて、チケットが２０００円だから80万の売り上げ。諸経費を全部さっ引いて、30万くらいが手元に残った。ほとんど寄付に回してしまったけど、数字としては悪くない。ただ、ライヴ感のなさだけはどうしようもないから、あと１、２回くらいしか保たないんじゃないかという気はした。

国会前の抗議スピーカーはどこに設置する?

国会包囲の際に使用するスピーカーは、規模にもよるけど、60から80発くらいで、歩道に一定間隔を空けて設置する。車も人も通る道路にケーブルは引けないから、それらを交差点ごとに無線で飛ばす。現場には、機動隊とやりあいたいっていう人間も時々いて、そういう連中はついつい盛り上がってフェンスを乗り越えてしまったりもするんで、フェンス沿いに立ててるスピーカー・スタンドをケーブルでつなぐと、そいつらに引っかかって抜かれたり切れたり、機材が破損する可能性もある。

一度、他の業者から「うちにもやらせてもらえないか?」っていう話があったんだけど、じゃあ見積もり出してと言いつつ現場の説明をしたら、「すいません、やっぱ無理です」と諦めていた。普通の会社ではリスクが大きすぎて不可能だと思う。つまり、レーベン企画は普通の会社じゃないんだろう。

あと、ある音響会社が「うちならもっと違うシステムでやれますよ」って売り込んできたことがあった。話を聞くと、よく韓国なんかではスピーカーをクレーンで吊るすシステムを使っていて、そうするといちいち設営しなくて済むと言うんだ。ただ、クレーン車自体は持ってないから、トラックのリース会社に頼むことになるわけだけど「そんな危なそうなところに、うちの車は貸せません」って断られちゃった。まあ一般のコンサートや工事現場とはちょっと違う現場だからね。

こういう集会は人々が勝手に集まってきているわけなので、それに対する法的な規制は特にない。道路を占有して演説する場合は、道路使用許可とか街頭スピーカーを使った宣伝許可を警察に届ける必要があるんだけど、路上にスピーカー・スタンドを立ててやってる場合は、とりあえず集会・結社・表現の自由というのがあるから、東京都が「そこを勝手に使うな」っていう場合以外はオーケー。主催者側は「集会やるんで、それに伴って音響設備を設営します」と警察に伝えておけば合法という解釈だ。

麹町警察とも連携しながら主催者や参加者の安全を確保する。[写真:今井明]

国会の包囲行動に関しても、デモと集会は違うので、東京都には申請なしでやっている。車道をデモンストレーションする場合は道交法の関係になってくるけど、あくまで歩道上で集会の演説をする場合は、許可を得る必要はない。

国会周辺を管轄しているのは麹町警察で、そことのやりとりは主催者がしているから、我々は機材を持っていって設営するだけだ。それでも今じゃ麹町署の警備課とはすっかり顔なじみになってしまい、いろいろ便宜を図ってもらって非常にフレンドリーな関係を築いている。「レーベンさん、ちょっと音うるさいから下げてくれる?」「はーい」みたいな感じ。そう言えば、うちの備品のカラーコーンをスピーカーの周りに置いといたら、警察も同じ色のを使っていたらしく混ざっちゃったことがあった。「そちらに持ってかれちゃったみたいなんですけど」って問い合わせたら、本気で探してくれたよ。その時は「すいません、どうしても見つからないんです」って、1週間おきくらいに電話がかかってきた。

右翼の妨害に対応する

憲法集会には必ず右翼が妨害しに来るのだが、それへの対応も警察や機動隊がやってくれる。前夜に設営を終え、当日の朝7時に門を開けるため一番乗りで会場に着くと、もう右翼の車がずらっと公園の横に10台くらい並んで待っていて、拡声器で「お前らみたいなアカは朝鮮に帰れ!」みたいなことをがなり立てて突っかかってくるから、そういう時はただ無視して、おまわりさんに「あの人たち、どかしてもらえませんか」って頼むんだ。するとそこは阿吽の呼吸というか、警察にも公安部がついていて、そういう人たちが「もう十分ワーワー騒いだんだから、そろそろいいんじゃないの」って仲介してくれる。バトルに発展して大事になられたらかなわないからね。

国会の周辺も機動隊が交通整理をしてるから、右翼が乗り込んで来ることはない。ただ、国会周りは2、3万人が集まればいっぱいいっぱいだから、ある時もっと規模を広げようと虎ノ門までエリアを拡張し、音響設備のエリアを3つ増やしたことがあってね。日比谷公園の前あたりまで展開したら、もう交通規制もできないから、そこには右翼が来ちゃって、ガンガン音を鳴らしながらこっちのスピーチの邪魔をはじめた。機材も守らなきゃいけないし、もしヒートアップして突っ込んできたりしたら大変だから、僕自身はそこにいなかったけど、現地スタッフは戦々恐々としていたそうだ。

逆に、こちら側も血気盛んな人は機動隊に突っ込んでいっちゃったりする。時々、国会前でも連行されてしまう人がいるけど、そういう人は若者ではなくて、だいたい高齢者が多い。昔の全共闘運動を実体験した人たちで、まだまだ警察に対し「権力」というイメージがあり、交通整理のおまわりさんって感じじゃないから、「列をハミ出さないでください。車道に出ないでください」と言われて、「なんだコノヤロー!」と掴みかかっちゃうんだ。だから主催者も警備員を集めて、参加者の中から跳ねる人がいたら止めるようにする。おまわりさんとも相談しながらやるわけ。で、規制が強すぎたりしたら「ちょっとやめてください」と間に入っていかなくちゃいけない。

昔、全共闘で真面目に運動していたために、まともな就職ができなかった人は、河合塾とか代ゼミとか駿台とかで予備校の先生になったりしていた。それであんなに個性的な講師がたくさんいたんだ。予備校の他にも、生協、パルシステム、大地を守る会とかが元・反権力の受け入れ先になった。大地を守る会の初代会長だった藤本敏夫は、学生運動で実刑判決を受け、中野刑務所に収監されている時に、加藤登紀子と獄中結婚した人。

その一方で、会計士や社労士といった手に職を持つ人もそれなりに多かった。資格を取るという道を選ばざるを得なかったということなのかもしれない。近年、国会前に出て抗議活動をしている群衆の中には、結構そういう人たちが多い。そこそこ社会的な地位を得て、退職して今やることがない年金生活の人たちが国会前に来てくれている。バリバリに運動してた人で、広告代理店とか商社に行った人間もいなくはないし、そうやって官僚とか企業人になったやつの折り合いのつけ方についてはわからないけど、そうじゃない人は社会貢献を続けたり、運動の現場に戻ってきたり、クラウドファンディングに寄付したりして、草の根の市民運動をしているんだ。そんなわけで、機動隊を見ると昔の血が騒ぐらしく、若い人たちよりも警察官に食ってかかったりする。少し前に逮捕されたのも労働組合を昔やってた人だった。むしろ若い連中のほうが抑制的で、危険なことは絶対やらないね。

10万人が集まったら？

原発事故から1年目の「さよなら原発集会」では、代々木公園に10万人も集まった。代々木公園のサッカー場と野外音楽堂を借りていたのだけど、せいぜい4万人くらいしか入らない。そこに10万近く来ちゃったから、もう後ろのほうまで人がいっぱい、見渡す限り人・人・人だった。確か、吉永小百合もいち参加者として来ていたよ。

あまりにも人が押しかけすぎて、もう原宿駅のホームは人が溢れていて降りられないから、電車も止まらずに渋谷まで通過しちゃうような状況だった。こうなるともうさすがに、こちらではコントロール不能。手のつけられない状態だ。でも、不思議と事故は起こらなかった。日本人的な特性で、ちゃんと抑制されるのかもしれない。アメリカやヨーロッパだったら、すぐ暴動になっちゃうのにね。

ネットでは「レーベン企画は左翼」と言われているらしい。設立者が社会党員だったわけだし、労働組合とか立憲民主党や社民党みたいな野党系の政党活動をサポートしていて、いわゆる政権側とは対抗する形になるイベントの企画運営が多いからかな。それでも、うちは自民党の国会議員のホームページ制作もやってるし、ある時には公明党の市議会議員の立候補者に選挙カーを作ったりしたこともある。別にそのあたりはこだわらず、発注さえあればやりますよ。ただ、主な取引先が野党と組合だっていうだけでね。最近は共産党ともつきあいが出てきた。

街宣車、用意できます

レーベン企画では、看板と4つのスピーカーをつけたハイエースを所有している。よく選挙中に町中を走り回っていたり、道端に止めれば屋根の上に登って演説台にもなる、あの車だ。街宣車と言えなくもないこういう車両は警察側の都合からか許可制になっていて、2週間ごとに宣伝カーとしての申請をしなければならない。

今は立憲民主党の宣伝カーになっているんだけど、そっちで使っていない時はデモなどにも貸し出したりする。前述した気候マーチでも使ったし、右翼以外ならどんな団体にも貸せるよ。どのような目的でどんなふうに使うかにもよるけれど、だいたい1日のリース料が2、3万くらい。もちろんそのまま使ったら立憲民主党の車に見えちゃうから、党名の部分を覆い隠しておく。ナンバープレートを見たらわかっちゃうけどね。

最近、愛知で県知事のリコール運動をやってた車と、以前に維新の会が使っていた車のナンバーが同じだということを突き止めた人がいて、ちょっと話題になっていたようだけど、同じ車両を使い回したということだろう。僕からしたら十分にあり得る話だ。

労働組合や市民運動団体によく言われるのは、「あってよかったレーベン企画」という評価。各種様々な催しで急にあれが足りない、こんな資材がほしいと連絡があり、たいていのものがそろうのがレーベン企画。社会団体や市民運動をサポートする会社はあまりないので、コロナ禍で仕事は減少しているのだけど何とか存続させていきたいと思う。

今の課題は、僕の音楽業界・政界での経験とノウハウをどう若い世代に継承できるか。この本を読んでくれた若い世代が、レーベン企画の仕事に興味を示して会社のドアをたたいてくれたら歓迎するけどね。

僕はフェスとデモがなくなることは絶対にないと思う。人間の自由を希求する人っていうのは、必ず平和的に行動する選択にたどり着くと信じているから。

コロナ渦の現在は、設備投資が機能不全になった音響の会社が危ないとか、照明の会社はリモート配信のノウハウを取得して凌いだとか、アーティストが生活苦だとか、イベントに関しては苦難だらけだけど、潜在的な需要が高まる時期だと思っている。

特別対談

日高正博
×
大久保青志

フェス主催者の責任と覚悟

日高正博（ひだかまさひろ）
1949年、熊本生まれ。上京後、ラジオやテレビの音楽番組制作を担当した後、バンドのマネージャーやプロモーターとして音楽の現場に関わり、ザ・ルースターズなどを世に送り出す。1983年、音楽イベントの企画運営や海外アーティストの招聘を軸としたスマッシュを設立。1997年からはフジロック・フェスティバルを主催し、日本の野外フェスの基礎を作った。

テレビ業界がほんとに嫌だった

日高　まず、大久保は古くからの友人で、尊敬できる人間。俺は君みたいにはできないもん。何十年も彼の活動を見てきてるからね。

大久保　はじめて会ったのは、内田裕也さんのマネージャーをやってた頃だね。1974年か75年くらいだから、45年前くらいかな。

日高　裕也さんと言えば、俺の友達でナイジェリア人のサニーっていう男の子がいるんだけど、彼が渋谷のセルリアンタワー東急ホテルで裕也さんを見かけたんだって。ラウンジで音楽の本を読んでいたから、「フジロックをやってるマサ（日高さんのニックネーム）にはすごいお世話になってるんだ」って話しかけたら、裕也さんが「俺はあいつは嫌いだ！」って（笑）。そりゃ、そうだろうな。随分前だけど、原宿のクロコダイル（ライヴハウス）でもめてステージから引きずり下ろした相手なんだから。それを見た安岡力也くんが『あんちゃん（裕也さん）を殴るなら俺を殴ってくれ』ってあやまったんだよ。力也くんは本当にいいやつでクロコダイルの店長やってたんだよね。その場を収めたのがガンさん（村上元一／原宿クロコダイルのオーナー、ナベプロ時代の裕也さんマネージャー）だった。裕也さん、その時のことがあったから、俺にいいイメージもってなかったんだろう（笑）。

大久保　日高はボビー（映画〝カリオストロの城〟のテーマ曲を歌った）＆リトル・マギーのマネージャーをやっていたよね。

日高　箕輪のモンドってライヴハウスでボビーのショウがあったんだけど、そこに君から「日高さん、捕まえましたよ！」って電話がかかってきたんだよ。その時、裕也さんのバンドとうちのバンドをブッキングして、金を払わないで逃げてたふざけたやつがいたんだ。そいつを捕まえたんだよってね。「渋谷のイーストランド（内田裕也さんと村上元一さんがはじめた音楽事務所）にいるから来てください」って言うから、「よし、今から行って半殺しにしてやる！」って（笑）。で、到着した俺の顔を見て、そいつはホッとしてた。ガンさんもいて、怖かったんだと思うよ。ガンさんの部屋に日本刀が飾ってあったから、暴力団のオフィスに来ちゃったと思ったんじゃないか。で、俺の顔を見てそいつが「ねえ日高クン、そんなつもりじゃなかったんだよ〜」とか言って俺の膝を馴れ馴れしく触ったんだよ。それで俺はキレちゃって、隣の部屋から日本刀を持ってきて（後で真剣ではなかったとわかったけど）、「てめえこの野郎、殺してやる」って。それを止めたのもガンさん。そのあたりからガンさんにはすごいお世話になって、これからクロコダイルをはじめるってことで、俺が機材を香港まで買いに行ったりしたんだよ。香港はタックスフリーで安かったから。ドラムからベース、ＰＡのサウンドシステムまで一式買って。

――その頃から、機材の調達などイベンターとしての活動もされていたのですか？

日高　当時はフリーランスだったな。熊本から東京に出てきて、ブラブラしながら、練馬の友達の家に居候してて、毎晩酒飲んではギター弾いて馬鹿騒ぎしてた。その部屋は、ひとりは連合赤軍、あとは安田講堂に入り込んだやつらとか、70年代闘争が終わったばかりで、そういうやつらの巣だったんだよ。だから、革命の本から何からたくさんあって、本だけは読んだよね。ドストエフスキーとかカフカとかスタンダールとかありとあらゆる本ね。本と音楽と酒っていう生活。そのなかのひとりから「日高君、たまには仕事せんね。音楽わかるやつ募集してるから」って紹介された仕事がＴＢＳの制作会社だったんだ。最初はラジオで、流行歌手の人たちの歌をカラオケで録音してＴＢＳに納めてた。そのうちＴＢＳが新しい音楽のテレビ番組をはじめるからＡＤやらないかって言われて。そんなのやったことないんだけど、俺は譜面が読めたし、音を聞けばカメラ割もすぐにできちゃったんだよね。そのうちに、ジュリーとかショーケンのいたＰＹＧ、タイガースとスパイダースとテンプターズとかをブッキングして30分の生番組をやりはじめたんだよ。ディレクターにも気に入られてたから、そこで「好きな人に出てもらっていいよ」って言うんで、第1弾で出てもらったのが吉田拓郎君。その次には、アンドレ・カンドレって井上陽水君のユニット。あとは泉谷しげる君とか、いろんな人を出したね。でも、やってるうちにテレビの芸能界体質が嫌になっちゃんったんだ。それで、制作会社の社長に「辞めてアフリカ行きます」って言ったら、「辞めるんなら、お前の会社を作れ」って言ってポンって500万円くれたんだよ。その時は音楽出版をやって、つのだ☆ひろ君と柳ジョージと成毛滋で組んだスーパー・ロック・バンドや、日本の女性シンガーのボビー&リトル・マギーなんかのマネージメントをした。その後ルースターズなんかのマネージメントもした。でも、やっぱり事務所の芸能界体質に馴染めなくて、それで1983年に作ったのがスマッシュ。

「人助けの大久保」

日高　大久保とは最初から息が合ってたんだよね。俺からすると彼は「人助けの大久保」。どこかの中小企業の社員から相談を受けて、給料が払われないと聞くと、彼はお金ももらわずにその人たちを助けに行ったりとか。政治活動ではないんだけど、困っている人がいると無償で動く。

大久保　それは市民活動の一環だったと思う。相談を受けて、組合の人間を知ってるから紹介したり。ロッキング・オンを辞めたばかりの頃かな。

日高　そうそう。その繋がりもあって、ロッキング・オンの松村雄策君のバック・バンドを、ボビーたちがやったり、ライブハウスツアーのブッキングとかもお願いしたり、日本国中回ったよね。

大久保　松村雄策のバンドをプロデュースしたのは渋谷陽一なんだけど、渋谷がプロデュースしたことで見事に失敗して売れなかった（笑）。

日高　彼がプロデュースなんてできるわけないんだよ。俺はやめろって言ったんだ、出版だけやってればいいって。はっきり言ってプロデュースの才能はゼロだったね。

大久保　バックバンドはいいメンツ揃ってたんだけどね。

日高　東芝の石坂敬一さんっていう後に会長になった人がディレクターだった。渋谷はいい奴だよ、なんとか松村の面倒を見て頑張って売ろうとしてたんだから。渋谷、松村、大久保と親友同士だったからね。

ウッドストック、郡山、中津川からアトミック・カフェへ

――1984年にアトミック・カフェ・ミュージック・フェスティバルが開催されます。

日高　あれは君の呼びかけで、俺も核ってものが大嫌いだから「面白いじゃねえか」って思って協力したんだ。自分たちで後始末できないようなものを保有するものじゃない、ってのが俺の持論。地中に埋め込むか、ロケットでよその星に打ち込むしか始末の方法がないんだから、そんなものは作っちゃいけないよ。もちろん戦争も大嫌いだから。

大久保　86年にチェルノブイリの原発の事故があったんだけど、それより前に世界中で反核運動が盛り上がって、『アトミック・カフェ』っていう映画を日本の人たちにも観てもらいたいと考えたことから始まったのが、アトミック・カフェ・ミュージック・フェスティバル。「核兵器も原発も同じ核だからいらない」というのが、アトミック・カフェのメッセージ。日高には、イギリスにビリー　ブラッグっていうぴったりのアーティストがいるから呼んでほしいって声をかけて。あの時は他にもアスワドとかウィルコ・ジョンソンを呼んでもらったりして。

日高　当時はマーガレット・サッチャー政権で、アルゼンチンのフォークランド諸島を攻

撃したりしていて、ビリーはアンチ・サッチャーで、もちろん反核だった。ビリーは俺がイギリスに行った時、バスキングっていうスタイルで、ギターケースを広げてあちこちでストリートライヴをやってたんだよ。そこから成長したバンドも多い。

――1969年のウッドストックはどうご覧になっていましたか?

日高　フジロックとウッドストックは一緒にして欲しくないんだ。俺はウッドストックは大好きだよ。何よりミュージシャンが素晴らしかった。あの頃のアメリカは、ベトナム戦争を抱えていて政治的にも荒れてる時代だった。チャールズ・マンソンとか、シカゴの民主党大会で暴動が起きたりとか事件がいっぱいあったし、ラブとフリーセックスとかがごちゃ混ぜになっているような時代。最初は、たまたま3人の若者が集まって、あの場所でやろうって、それだけのフェスティバルだった。ミュージシャンのツテがないから、サンフランシスコのビリー・グラハムっていう敏腕プロデューサーに頼んで、錚々たるミュージシャンを集めたんだよね。当時はまだ俺も音楽の道で食っていこうなんて気はなかったから、影響を受けたっていう感じではないね。

――1974年には、ウッドストックに影響を受けて、日本初のロックフェスと言われる

「郡山ワンステップ・フェスティバル」が開催されましたね。

大久保　あれは佐藤三郎さんがウッドストックみたいなことをやりたいって言うんで、裕也さんに声をかけてスタートしたんですよ。郡山の地域の活性化を目指して、若い世代にロックでアピールしたいと。

日高　そうなんだ、てっきり裕也さんが無理矢理プロデューサーとして入り込んだのかと思ってた。俺も、つのだ☆ひろを連れていったよ。暑かったってのは覚えてる。はっきり言って、つまんなかった。なんのメッセージも見出せない。それだったら吉田拓郎とかが出た岐阜の中津川フォークジャンボリーのがまだ面白かったよね。俺はTBSでテレビ番組作ってた頃だから取材で行ったんだよ。ヤクザも出入りしてたし、お客さんが酒飲んで湖で溺れて死んじゃったりして大変だったんだけど、中津川はメッセージ性があったというよりは、アーティストに個性があったね。

大久保　中津川に出ていたのはフォーク系のアーティストで、一番フォークが盛り上がってた時代。ワンステップの時はアマチュアに毛の生えたようなアーティストが多かったからね。プロのつのだ☆ひろとか、かまやつひろしとか加藤和彦とかしっかりしたアーティストもいたけど、日本の客を満足させるにはまだまだアーティストのパワーが足りなかったんだろうね。7日間やっても波があった。オノ・ヨーコが来た時は1万人くらい集まったけど、それ以外は1000人くらいしか集まらなかったり。

日高　東京の厚生年金でオノ・ヨーコさんがやった時はチケット買って観に行ったよ。バック・バンドも素晴らしかったから。でも「なんなんだ、この歌は…」ってびっくりして10分で帰ってきちゃった（笑）。

――音楽イベントに政治的なメッセージを込めようと思ったきっかけみたいなものはありますか？

日高　さっき言った通り、東京に出てきてすぐに居候したのが左翼の巣窟みたいな部屋で、政治の本とかがいっぱいあったのが大きかったかな。

大久保　うちは祖父がリベラリストの走りみたいな人だったから、自然とそういう関連の本が家にあったっていうのと、あとは渋谷陽一とロック喫茶で出会って、ロッキング・オンをはじめて音楽も好きになり、それで政治的な活動と音楽が融合したっていう感じかな。

日高　俺も行ってたよ、新宿の厚生年金の前のソウルイート。そこで渋谷がDJやってたんだよな。ツェッペリンとかグランド・ファンク・レイルロードとか、とにかくハードロック。そんときはお互い知らないんだよ。

――同じ場所にはいたんですね。

日高　そうだね。でも、まあ金がないから何回も行けないんだけど。

大久保　コーヒー1杯で2時間も3時間も粘ってるやつはいっぱいいたね。

日高　ジャズ喫茶も新宿なんかにはたくさんあったけど、みんな難しそうな顔してじっと聴いてるんだよ。早川書房のミステリーとか読んでさ。ほんとにわかってんのか、お前らって（笑）。体揺らしてるんだけど音楽とテンポが合ってないんだ。それ見ておかしくてさ。ああいうのがカッコよかったんだろうな。

ジョー・ストラマーがやって来た

――1984年から、グラストンベリー　フェスティバルに行かれてますよね。

日高　イギリスはアメリカと組んで核兵器をガンガン推進してたような状況で、それに対抗してCNDとかの反核団体がたくさんあったんだ。グラストンベリーに広大な牧場を持ってるブルース好きの親父（マイケル・イーヴス）がいて、20万人くらい入るような農地だったんだけど、（正式に名称を『グラストンベリー・フェスティバル』として）第1回目の1981年は

２０００人くらいしか入らなかったのかな。でもその売り上げをすべてＣＮＤに寄付したんだよ。

大久保　実際はＣＮＤ支援のためにグラストンベリーをやったようなものなんだよね。

日高　その時、俺はスマッシュの仕事でロンドンにいたんだけど、そういうのがあるって知って、その親父に会いに行ったんだ。イギリスかぶれのライターで仲のいい花房浩一と一緒にね。ホテルはなくて、みんなキャンプで、客同士は喧嘩しまくってるし、立ちションはするわゴミは散らかすわで、いわゆるイギリス紳士なんてどこにもいないんだよ。グラストンベリーには俺の陣地を作って、30メートルくらいのサークルでキャンプファイヤーをやってたから、ミュージシャンが遊びに来るんだよ。いろんなやつが来て、一晩中火を囲んで酒飲んで。ジョー・ストラマーなんかしょっちゅう来てたんだけど、あいつが2回目の結婚をした時に、結婚祝いとしてグラストンベリーのバックステージ・パスを新婚夫婦にプレゼントしたんだ。「パスはあげるけど、ホテルはないからテントだけ持って来いよ」って言って（笑）。あいつテント持ってきたはいいけど、うまく張れないから俺が手伝ってやったりしてさ。

——フジロックにとってもジョー・ストラマーはキーパーソンですよね。

日高　そうだね。フジロックを始める年、1997年の6月にグラストンベリーに行ったんだけど、ジョーが俺のとこに来て「マサ、俺もフジロック行きたい」って言うのよ。てっきり出たいってことかと思ったから「もう1か月前だし、ブッキング決まっちゃってるから無理だよ」って答えたの。そしたらジョーが俺の前で膝をついて「違うんだ、俺は出るんじゃなくて、日本の若い連中にフェスティバルの楽しみ方を教えてやりたいんだよ。キャンプの仕方を教えてやりたいんだ」って。いったいお前誰に向かって言ってんだよ、テントもろくに張れなかったのに（笑）。そういうのがあって、ジョーも1年目から来るようになったんだ。

――僕も1年目、行きました。何も知らなかったんで半袖短パンで行っちゃって、寒くて死ぬかと思いました。

日高　馬鹿か、お前！　俺は散々注意喚起したんだよ。それじゃなくても富士山にそんな格好で来るやついるか？

大久保　都市型ライヴの感覚でみんな行っちゃったから、えらいことになっちゃったんだよね。

日高　ディズニーランドに行くつもりでいるんだよな。俺は日本のそういうシステマティックなのが大嫌いなのよ。入り口はこちら、トイレはあちら、売店はあちら、って全部準備されてないとダメなんだ。そういうのが嫌で、ぶち壊してやれっていうのがフジロックだからさ。だけど、山の中なんで注意だけは出したよ。台風が来るのは予想外だったけど。地元の人が「7月の終わりは台風が来ないからいいですよ」って言うからその日にしたのに、まんまと食らっちゃったね。面白いもんだよなって(笑)。

――機材がダメになって中止になったんでしたっけ?

日高　1日目の最後に出たレッド・ホット・チリ・ペッパーズのアンソニーと話して、途中で終わりにしたんだよね。ステージの照明が強風で落っこちるんじゃないかって、それで40分で終わりにして、2日目は中止にした。ただ、あそこまで日本人のマナーが悪いとは思わなかったね。注意しても注意してもダメだった。一番の問題は車を途中で乗り捨てされたことで、国道から富士山の会場に登ってくる道が塞がれちゃったんだよ。ちゃんとバス2台がすれ違えるようにしてたのに、客が乗り捨てて歩いて登って行っちゃったもんだから、バスが全然登って来れない。あれには呆れたね。あとは薄着。疲れ果てた上に寒いから具合が悪くなった人がいたんだけど、そういう人たちには事務所とかミュージシャンに楽屋から出ていってもらって、そこで休んでもらったんだ。

大久保　僕も収容されて来た人たちを毛布で包んでガスストーブに当ててっていう救出活動をずっとやったよ。寒さで震えて、とにかくいっぱい運ばれてきたから。

――そこでも「人助けの大久保」だったわけですね。

大久保　そうだね（笑）。その時の僕の役割はNGOのグループを何組かブッキングして、ステージから社会活動のメッセージをマイクで喋ったりしたんだ。NGOヴィレッジになる前のことだね。

日高　俺たちみたいなフェスティバルを主催する人間には〝責任〟があると思ってる。世の中で起きてる出来事、病気のことでも環境問題でも、お客さんに知ってもらいたい、そういうことをしなきゃいけないと思ってるんだ。我々、島国の人間はあまりにもそういうことを知らないし、〝隣は何をする人ぞ〟で終わってしまうからね。おしきせじゃなく、なんとかわかってもらいたい。ある意味、それがフェスティバルをやる人間の義務だと思ってる。苗場に移ってからも大久保と相談してアヴァロンでずっとやってるけど、内容は彼に全部任せてるよ。俺のほうでひとつくらい、この団体を入れてくれっていうのもあるけど、全体のプロデュースは彼に任せてる。

大久保　そうだね。最初の頃は僕と、ゴミゼロナビゲーションをやってるカンタ君とかで相談して決めて運営してた。最近だとグリーンアップルっていう運営会社に事務局をやってもらってる。出店料はいらないけど、その代わり交通費とか宿泊費は自前で全部用意して来てね、売ったものは自分たちの活動費にしていいからねって。あとは、宣伝のために会場でチラシをまいちゃダメですって条件がある。

日高　それは俺が出した条件だね。ゴミになるからやめろって。全部ブース内のボードに貼って、その場で読んでもらうようにしろってさ。とにかくクリーンなフェスティバルにしたいから。いつも言うんだけど、俺たちはあそこの自然を借りてるんだから、自然を破壊しちゃいけないし、あの場所には熊もいればキツネもいるし天然記念物の鷲もいるから、動物を傷つけたらいけない。お客さんだけじゃなくて地元の人にも言ってるんだ。1回、熊が出たことがあるんだけど、地元の猟銃会が喜んじゃって、ライフル持って出てきたんだよ。俺は頭に来て怒鳴りつけたんだ。「熊を殺したら来年からここでやらないからな」って。

「博打は俺の人生のほう」

――イベンターのリスク管理について伺いたいです。悪天候やドタキャンなど不測の事態がつきものだと思います。

大久保　天候はどうにもならないでしょう。

日高　天候の問題で中止になった時にコストをカバーできるような保険には入ってるよ。アーティストに対する出演料の保険もかけてる。フジロック1回で何千万とかかるんだけど、かけないわけにはいかないから。そりゃ怖いよ。こういうイベントはリスクがないと成り立たないからね。

大久保　野外でやるようなフェスはどこもそうだよね。

——そういう意味では「博打」に近いような感覚もあるのかなと思います。これがうまくいかなかったら会社が終わってしまうというような。

日高　その時は死にゃあいいじゃねえか（笑）。俺は博打とは思ってないよ。博打は俺の人生のほうだよ（笑）。

——2004年には、ヘッドライナーのモリッシーがキャンセルになりました。

日高　あの時は頭に来たな。俺、スミスがまだ売れる前、ラフトレードと契約する前の頃にロンドンでライヴを観たんだ。これはいい！って思ったよね。モリッシーは飛行機が大嫌いで、スミスのマネージャーとか雑誌の編集長とかと酒飲みながら「アメリカ・ツアーに連れて行きたいんだけど、睡眠薬でも飲ませて飛行機乗せちゃおうか」とかジョークばっかり言ってたな(笑)。彼らが日本でデビューする前の話だよ。で、２００４年のフジロックに関しては、モリッシーから出たいってオファーがあったんだ。すごい太ってるし大丈夫かなあなんてジョーク言ってたんだけど、一通り契約も済ませて発表もした後で、キャンセルが決まってね。モリッシーっていうのはそういう人間なんだよ。マネージャーも困ってイギリスからロスに飛んで説得しに行ったんだけど、モリッシーがそのマネージャーをクビにしちゃったんだよね。モリッシーは、ジョン・ライドンとかも住んでた金持ちばかりが集まるビーチ沿いに住んでたんだ。そこで何やってたと思う？　不動産屋だよ、ロックミュージシャンが。えらい変わりようだなって笑ったよ。モリッシーほどイングリッシュ・タイプなやつはいないね、庭で座って紅茶飲みながら本を読む。典型的なイングリッシュ。それにしてもドタキャンじゃん。なんとかしなきゃいけないと思って、スタッフに「スミスのカバー・バンドいねえか？」って探してもらって。観た？　俺も当日、グリーン・ステージに立って、わざわざ紹介したんだ。ディーズ・チャーミング・メンってバンド。

――あれは面白かったです。当時、モリッシーはスミスの曲をやらなかったから、ファンとしてはスミスの曲が聴けるってだけでテンションが上がりました。

日高　お客さんには散々文句を言われたよ。ジョークがわかんねえな、こいつらって思ったけどね（笑）。

――２０１４年にはヘッドライナーのカニエ・ウエストがキャンセルしましたね。

日高　カニエの場合、理由は忘れちゃったけど、ドタキャンの覚悟ってのはいつもあるよ。絶対に来てくれるって信じてやってるけど。日本の場合はさ、江戸時代から、歌舞伎なんかでもそうだけど、親が死んだその日でも自分の舞台があれば優先するという意識が残っていたりするけど。

大久保　親の死に目に会えなくても仕事をまっとうするのが舞台人、みたいな伝統が日本にはあるよね。

日高　海外ではそれは通用しないんだ。ヘッドライナー級じゃなくても、キャンセルはいっぱいある。文化の違いもあるだろうし。嫁さんが妊娠したってだけでキャンセルだから。「妊娠何か月?」って聞いたら「妊娠したばっかり」って。たった4、5日、嫁さんの元を離れるだけじゃんって思うけど、仕方ないなって思う。

大久保　僕はサッカーが好きでよく観るんだけど、外国の選手も監督も親兄弟に何かあったら、すぐに帰国しちゃうもんね。クリスマスだなんだでも帰る。ファミリー愛というか、キリスト教なのかなんなのかわからないけど。

日高　キリスト教っていうより、その前のユダヤ教だよね。旧約聖書から来てる考えだから、家族を大事にするっていうのは。

「押し付け」では何も変わらない

——2011年にアトミック・カフェがフジロックで復活します。東日本大震災がきっかけとして大きかったんでしょうか？

大久保　そりゃそうでしょ。アトミック・カフェでずっと言ってきた「日本は地震国だし、原発で何かしら問題が起きる」ってのが現実になってしまったわけだから。それで、日高に電話して「アトミック・カフェを復活したい」って相談したら、「じゃあフジロックでやろうよ」って言ってくれた。最初は、フジじゃなくても日比谷野音とかを借りてやろうかとも考えていたんだけど。

日高　フジロックのほうが客も多いし、すでに場所があるわけだから、ここを使えばいいじゃんっていうことでね。俺は、いつか絶対事故が起こるってずっと思ってたんだ。原発は水がないとダメだから、海か川のそばに作らないといけないけど、津波や地震が来たらパーでしょ。あと、原発を作るときに、日本ほど地元住民に説明をしない国はないよ。貧しい地域は、国から金が下りたり経済が潤うって言われたら飛びついてしまうんだ。フランスとかドイツだと、まずは国と電力会社、地元住民の3つで協定を結ばないといけない。で、何か問題があった場合はこの3者に責任があるわけ。日本はこの当たり前のことができてないんだ。福島はそれができてないじゃん。

――2011年の東日本大震災の前後で、フジロックとしては変化がありましたか？

大久保　メッセージにそこまで大きな違いはないと思う。フジロックは第1回目から〝音楽と自然の共生〟とか〝借りてる場所を大切にしながら楽しもう〟とか、そういうメッセージを発信しているから。ほかのフェスとは違う、社会的に認知されるメッセージを掲げてやってきたわけだからね。中越地震があった時もそうだし、〝フジロックとしてやるべきことは何か〟ってことを考えて基金を作ったりしている。基本的なことは何も変わってないよね。311が起こって、そこに〝脱原発〟、〝NO NUKES〟っていうのをNGOヴィレッジも含めて表現している。

日高　俺は押し付けが嫌いなんだ。知ってほしい、理解してほしい。本当に必要なの？っていうのを自分で考えて理解してほしいね。フジロックは東日本大震災だけじゃなくて、いろんな被災地域にボランティアを出してる。中越地震の時は、東京、名古屋、大阪、福岡、北海道でチャリティーをやって、新潟県知事が「本当にありがとうございました。おかげさまで立ち直れました」ってお礼を言いに来た。俺の方針としては「ボランティアの相手先が、もう十分ですと言うまでやる」。福島には今でもボランティア出してるよ。今だと俺の地元の熊本の人吉とか、長野も。フジロックにはボランティア団体が２つあって、毎週のように人が行って、本当によくやってくれてる。

――スマッシュも大久保さんのレーベン企画も、10万人規模の大きなフェスとかデモを仕切っていますが、会社としては少数精鋭というか、そこまで社員を増やしてという感じではないと思います。

大久保　ロックのフェスにしてもデモにしても、ある種システム化されている部分があるから、イベント規模が大きくなったとしても、自分の会社で全部を抱えなくなたって、音響とか舞台とか照明とか、制作部門とか、そういう人たちと一緒に組んでやればできる。政治的な集会のほうは活動する団体もほとんどボランティアでお金がないから、運営もほぼボランティアで、うちの会社は企画制作費はもらってるけど、他の動いている人たちはボランティア。フェスの場合は運営に関わるスタッフはプロだけど、フジロックのボードウォークを作るのとかはボランティアだよね。

「ポップ」なミュージシャンは出さない

日高　変な言い方だけど、〝いいもの〟を売ればいいんだよ。いいフェスならお客さんも集まるしボランティアも集まる。いい音楽をブッキングしてね。うちの若い連中が『このアーティストを出させてください』って言ってくるけど、俺ははっきり言うタイプだから、ダメなものはダメって言うんだ。

――ブッキングの最終ジャッジは全部日高さんですか？　基準みたいなものはありますか？　「オルタナティブ」が大事という発言もされていましたが。

日高　基準なんてのは俺の頭の中をほじくらないと出せないけど、〝オルタナティブ〟でも〝ニューウェーブ〟でも呼び方はともかく、要は〝ポップじゃない〟ってことが重要。ポップってのは「こうすれば売れるだろう」っていう前例に従って作られたもの。「A」

っていう曲が売れたから、別の奴が「A」っぽい曲を作って歌う。ロックっていうのは、そんなんじゃ通用しないよ。本当のロックは三味線1本でできるんだよ。ロックじゃなくても、聴いたことないような素晴らしいメロディーってのはまだまだいっぱいあるし、そういうのは大歓迎だ。でも二番煎じは嫌だね。あと、衣装だけ一丁前だったり化粧だけしてるようなのは、死んじまえって思うよな。ただ、ポップ・ミュージック、キャンディ・ミュージックってのは子どもには必要なんだよな。ティーンエイジャーには、聴きやすくって音楽を好きになるきっかけになるじゃん。そういうものを入り口にして、どんどん角度を広げていく。でもフジロックにはブッキングしないよ。

大久保　だから差別化ができてるんだよね。ロッキング・オンのフェスとは違う。

日高　ああ、渋谷がやってるやつね。あれ実は1回目はスマッシュが仕切ってやったんだ。渋谷は友達だから、彼から「ロックフェスをやりたいんだけど」って言われて、イチから相談に乗ったよ。当日ひたちなかまで行ったけど、どうにも日本のバンドたちが聴いてられなくて、「おい、メインステージの電源落としてこい」って言ったんだ。で、とっとと帰ってきて、渋谷に「もう二度とやらんからな」って言った。渋谷も俺のことよくわかってるから、それ以上は相談してこなかったな。彼はいい意味でビジネスマンだから、自然とフジロックとの棲み分けができているというか、バランスは取れてるよね。清水君がやってるサマーソニックにしても全然違うフェスだ。そうじゃないと中国みたいになっちゃうから、いいんじゃない。中国みたいに共産党ひとつしかないと選択肢もなくなっちゃうから。いろんなフェスが切磋琢磨している状況がいいよね。選ぶのはお客さんだ。

大久保　フジロックが成功したおかげで、全国にたくさんフェスができたけど、持続できてるところってのはそう多くはないよね。

――ロック・イン・ジャパンやサマーソニックに大久保さんの出る場所はあるんですか？

大久保　それはないね。

日高　渋谷とは、つきあいないの？（笑）

大久保　ひたちなかでフェスが始まる時、渋谷に「ゴミゼロナビゲーション紹介しようか」って言ったら、「別にいらない。そういうのは金をかけてやるからいい」って。

日高　あいつはそういうところ非常にシンプルだよな。

大久保　音楽以外の余計なものはいらない、っていうスタンスだよね。

――イベントが終わってホッとする瞬間はいつですか？

日高　それはお客さんが無事に家に帰ってからだよな。

大久保　そうだね。レーベン企画が関わってる5月3日の憲法集会は、右翼の人たちが大音量の街宣車で押しかけてくるから。警察も手伝ってはくれるけど。

日高　警察は君たちじゃなくて、体制側を守ってるからな。

大久保　デモ側と右翼が揉めててもわからないから。最後まで気は抜けないよね。

――イベントを主催する上で、一番の醍醐味はなんですか？

日高　そんなの考えたこともないなあ。ただやりたいからやってるだけで。

大久保　共感できるようなアーティストを呼べたら嬉しいでしょう。

日高　それはもちろんそうさ。でもボブ・ディランが来ても俺は会わなかったから。会いたい気持ちは少しはあったけど、俺なりに考えて会わないほうがいいなと思ったの。ディランも敏感な人だから、会った瞬間、なんとなくうまくいかないような周波数がお互いに出るんじゃないかって。理解してもらうのは難しいかもしれないけど。俺の仕事ってのは、気持ちよくステージに出てもらって、いい演奏してお客さんが喜んでもらうことだから、それでミュージシャンにも気持ちよく帰ってもらうこと。ディランの場合、会うと嫌な空気になりそうな気がしたんだよ。いじっぱり同士みたいなさ。

「芸能界とロックを一緒にするな」

――「音楽に政治を持ち込むな」という言葉について、どうお考えですか？

日高 馬鹿だな。

大久保 その一言だよね。アトミック・トークにSEALDsの奥田愛基君を呼んだ時「フジロックは音楽を政治利用するのか」みたいな批判がSNS中心に湧き上がったんだけど、その時に日高は「そういう奴らはロックを知らないし、フジロックにも来てないんだから、フジロックを批判すること自体おかしい」って。

――テレビや広告の世界、芸能人と呼ばれる人たちは、そういう政治的な発言に慎重な気はします。

日高 そういうのとロックを一緒にするなって言いたいね。そういう連中と俺たちは違うんだから。芸能人はテレビに出てヨイショってやってるのが仕事なんだ。テレビ芸者ってというのよ。それが嫌で俺はテレビの世界やめたんだからさ。言いたいことは言うよ。言いたいこと言えないんじゃ、ジョン・レノンの〝ギブ・ピース・ア・チャンス〟も成り立たないじゃん。さっきのディランだって何も歌えないじゃん。〝NO WAR〟とも言えないじゃん。テレビの奴らは〝戦争しよう！〟って言ったら喜ぶのか？

――コロナ禍、コロナ後のイベントはどうなっていきますか？　フジロックは配信イベントなどもはじめていますが。

日高　2020年の大晦日に、うちの若い連中がやりたいといって、BIRTHDAYとかGEZANとかをブッキングして準備してたのが、結局は配信のみになってしまった。若い子たちの意見はできるだけ尊重したいんだけど、本音を言えば配信だけってのはやりたくない。テレビ画面で音楽を楽しむ人もいるわけだから、そこを差別するわけじゃないし、緊急事態なんだから、ないよりもあったほうがいいとは思うけど、俺個人としてはそんなに興味はないね。やる側と聴いてる側のレスポンスがあって初めて盛り上がるものだからさ、フェスティバルとかショウってものは。俺が保守的なのかもしれないけど、一方通行になってしまうと演奏にも影響が出るし、共感・共有ができると、ミュージシャンは倍のパワーが出るんだよ。お客さんのレスポンスがあると、「俺、こんなパフォーマンスできちゃったよ」とか「こんなフレーズ出ちゃったよ」っていうようなライヴができたりするんだ。これ本当だよ。でも、ここ何年かはフジロックは配信もしている。

大久保　コロナ禍だから、アーティストやイベンターが生きていく手段としてライブ配信ってのはしょうがないのかもしれないけど、一体感がないからアーティスト側も限界を感じてるよね。何回かやったけど、もうやりたくないっていうアーティストも出てきてるし。デモとか集会も同じで、カメラに向かって話しても〝熱量〟ってのは残念ながらなかなか伝わらない。フェスも集会も同じで、人がいてこそ、安倍政権、菅政権に対してＮＯなんだっていうのが共有されて盛り上がっていくんだよね。自分でライブ配信していて虚しさを感じることもあるよ。

日高　昔、君が後楽園ホールでアトミック・カフェやった時、作家の野坂昭如が出たでしょ。あの人の喋りは熱量があって最高だったよ。あれこそロックンロールだ。あの言葉のぶつけ方、あと言ったことに責任を持って、全部自分で背負ってる。三島由紀夫とは違ってね。あれこそが集会における最高のスピーチだったと思う。

人生を逆算して生きるってなんだ

大久保　今年（２０２１年）のフジロックはやる方向で動いてるんでしょ？

日高　もう苗場に行ってるからね。明日も行ってくるし。人数を制限したりってのはあるかもしれないけど、一番の問題はアーティストの来日だ。ビザが降りるかどうか、国によって違うから。コロナの変異種が出ちゃったイングランドとかは、今だと絶対に無理だろうけどね。ただ気持ちはやるつもりで動いてる。フジロックで配信だけってのはあり得ないから（笑）。

――おふたりはフェスやデモなど、いろんなものをゼロから立ち上げてきました。今の若い人たちは何をやっても二番煎じに感じてしまう人もいると思うのですが、そういう人たちにアドバイスはありますか？

日高　自分が文化を作ってきたなんて気持ちはないし、やりたいことをやってきただけだけど、若い人たちに言えることとしては「自分で考えてやれ」ってことかな。これは特に日本人がそうだけど、人生を逆算して70歳から生きてるんだよね。いい高校、いい大学に入りましょう、いい会社に入って退職金をたくさんもらいましょう。それは順に階段を登ってるように見えるでしょ。でも、いい学校に入ろうって時点で、退職金をたくさんもらうための逆算した人生なんだよ。真っ直ぐの一本道を目指しちゃってるんだ。でも、そんな人生つまらないでしょ。自分で今を開拓しろ、終わりから逆算した人生を生きるなってのは言いたいね。

大久保　決まった枠の中から出るのが怖いんだと思うけど。枠の中にいたら内田裕也のマネージャーなんてやることないでしょう（笑）。

日高　よくそんな仕事やったよな（笑）。

大久保　〝人生ロックンロール〟と思ってるからさ。いろんなことをやりたいんだ。好きなことを一生懸命やってたら気づいたら次が拓けてるってのの連続じゃないかな。そう思うけどね。

日高　絶対そうだよ。

――やり残したことはありますか？

日高　そりゃいっぱいあるでしょ。逆算した人生だったらないかもしれないけど。

大久保　やりたいことはまだまだあるからね。フジロックをすべて自然エネルギーで開催できたらいいよね。それができたらフジロックとしてはひとつの理想が完結すると思うんだけど。僕としてはね。

第4章

運動には
かっこよさと
美しさが必要だ

祖父の仕事は音楽家を守ることだった

僕はよく人から、「絶対に嫌われない男」と言われる。あるいは「敵を作らない男」とか。

実際、ややこしさの極みみたいな業界にいて、そんな風に苦労した経験がないことから考えると、そうなのかもしれない。それは意図してやっているのでもなければ、主義信条としてそうしたわけでもない。誰とでも会話する意志さえあれば、そしてさほどメンツにこだわらなければ、結果として僕のようになるんじゃないだろうか。実際、話してもわからないことは多い。でも、のんびり構えていれば、いつかはわかり合えるって考えないと。SNSで人が死んじゃったりするこのご時世はとくに。

なんらかの強烈なモチベーションによって人は突き動かされ、成果主義の権化になったりするわけで、その最たるものが憎しみだろう。しかし憎しみからは何も生まれない。モチベーションだけをドーピングしてしまうから、目的と目標を取り違えてしまう。そもそも現代的じゃないと思うんだ。
これから話す僕の生い立ちのようなものが、こんな考え方の下地になっている。

僕は1951年4月25日、東京都で生まれた。父は大久保利朗、母はふみ子。両親は僕が生まれてすぐに離婚した。

少年時代の僕。

普通は親が離婚したら、父か母のどちらかが育てるものだと思うが、自分の場合は父方の祖父母に育てられることになった。細かい事情はよくわからないけれど、戦後間もない頃で、父にも母にも片親では子どもを養う十分な生活能力がなかったのかもしれない。親父は自分では育児ができず、親に預けちゃったということなんだろう。

祖父母に育てられていたため、小学校の授業参観に来ていたのはいつも祖母（おばちゃんと呼んでいた）だった。誕生日の集まりなどで友だちの家に行くと、彼らの母親たちが「大久保くんは、お母さんがいなくて、おじいさん・おばあさんに育てられている、かわいそうな子」みたいなことを話しているのが聞こえてきて、自分は何か特別なんだろうか?と、ぼんやり思った記憶もある。

そのほかの小学生時代の記憶と言えば、60年安保改定の闘争で樺美智子さんが国会前で亡くなるという事件があった時、当時の自分には当然よく意味がわからず、校庭で友だちと「安保粉砕」ではなく「あんパンよこせ」と叫びながらデモのまねごとをしていたことくらいだ。

祖母の西宮君江は再婚で、以前の夫だった大久保との間に双子の兄弟を生み、そのうちのひとりが僕の父。つまり、引き取ってくれた西宮安一郎は再婚相手であり、僕とは直接の血の繋がりはない。その祖父こそが自分にとっては本当の意味での父であり、人生の進路に大きな影響を与えてくれた存在だった。のちのち社会運動や政治に関わるようになってからの活動の根幹にも、「常に弱い者の味方をする」ということがあるが、そこは間違いなく義理の祖父の姿を見て育ったからだ。

西宮安一郎は「日本演奏連盟」という、音楽家や演奏家の地位と権利向上を求めて活動する団体の事務局長だった。国会にも働きかけて、音楽議員連盟振興会（現・超党派文化芸術振興議員連盟）という比較的ソフトな議連を設立したのも、祖父の功績だ。常に裏方として歩み、人々のために働くことに生きがいを感じていた人で、いわゆる「強きをくじき」みたいな考え方で生きる正義漢だ。そんな祖父の仕事の手伝いについて行き、働いている姿を間近で見ているうちに、自分もこうありたいと自然に考えるようになった。

逆に、実父からの影響はほとんどない。1925年生まれの父は、第二次大戦中には19歳で海軍航空隊の通信兵だったという。当時の飛行兵はみんな特攻隊で出撃したが、父だけは乗る飛行機がなくて生き残ったそうだ。ある意味で名誉の戦死をし損ねた落ちこぼれ意識が、息子に「青雲の志」と名付ける動機になったのか、もはや知る術はない。

父は典型的な技術者で、今の「日本電気」の子会社になる「日本精密」でずっと仕事をして定年まで迎えた。一方、僕はまったく理系の人間ではない。音楽関係の道に進んだのも、まるっきり祖父の影響で、血は繋がってないのに隔世遺伝みたいだ。

ちなみに、僕と血縁があるほうの祖父は『アサヒグラフ』という雑誌でカメラマンをやっていた。従軍もしていたそうで、祖母と別れた理由については不明。父の利朗は、新しい家に馴染めなかったのか、西宮には籍を入れず、大久保姓のまま生きていった。そういう僕も同じく大久保の籍のままだ。養子縁組して西宮の名前を継いでもよかったのだけどね。

東住吉小学校に入学した頃、川崎市中原区の元住吉の公団住宅に引っ越した。抽選で当たったらしく、新築で2DK風呂付4階建の4階に住むことになり、そこで父とは全人生の8年間だけいっしょに暮らしている。その間、キャッチボールくらいはした記憶がかろうじてあるものの、基本的に彼はあまり家にはおらず、僕が高校1年生になった頃、再婚相手を見つけて出て行った。そして、20歳違いの妹ができた。

「お前、なんでグレなかったの？」

そんな家庭の事情を聞いた高校の担任から「お前よくグレなかったなあ」と言われた時には、ある種の反発心を覚えた。なぜ「両親に育てられていない」とか「片親だ」ってことで区別されなきゃならないんだ、ってね。もしかしたら、その時から社会というものを見つめるようになったのかもしれない。

実母には、向こうから祖母へ「いつどこで会いたい」と連絡が来た時にだけ、年1回くらいのペースで会って、映画を観に行ったりしていた。母は肺炎か結核で、長野の松本にある修道院に養生していたこともあるらしく、病弱で幸の薄い感じの人だった。実家は大森の海苔屋だったが、お父さんの弟が魚河岸の人間で、そこへ養女に出されたそうだ。親父と離婚した後、いったん養女として行った先に戻ったものの、あまり居心地がよくなかったのか、すぐそこを出て独りっきりで生活していた。一度よく知らないおじさんといっしょに飯を食わされたことがあり、その時は薄々「ああ、この人が今のパトロンなんだな」と思った。そのくらいしか母のことは記憶にない。「映画を見させてくれるから楽しみだ」程度で、「会えて嬉しい！」みたいな気持ちはなかった。僕が中学3年生くらいの時に交通事故で亡くなってしまって、病院に駆けつけた時も「ああ死んじゃったのか」という不思議な気持ちになった。お墓参りも最初のうちは毎年行ってたけれど、今ではお寺の場所さえ忘れてしまった。確か江東区にあるはずなんだけど。

祖母に関しても、育ての母みたいな存在だから常に気をかけてくれていたと思うし、支えてもらっている存在ではあったけど、家庭の中で当たり前に存在している人という感じで、特に思い出深いエピソードとかはない。

「東大闘争」の演説で運動に目覚める

1966年、外苑前にある國學院高校に入学。隣が都立青山高校、道路を隔てた正面が神宮球場、はす向かいが国立競技場・神宮外苑という都会的な環境の中にある國學院大学の付属校だ。國學院久我山の兄弟校だが、スポーツは体操が少し有名なくらいで、ごく普通の私立高。進学の動機は、歴史が好きだったので、そこそこ知られた國學院大の史学科まで推薦で進学できればラッキーと思ったからだ。

中学に続いて高校も勉強面では特に可もなく不可もなくというタイプの平凡な学生だった。しかし、入学2年目の1969年1月、自分の人生を左右する大事件に出会う。東大安田講堂での学生と機動隊との攻防戦だ。

よく当時の学生運動の高揚を語る際に、1967年の羽田闘争で機動隊との衝突により亡くなった山崎博昭の行動に影響されて大きなムーヴメントになっていったということが言われる（67年10月8日の第1次羽田事件。以後、70年安保闘争に向けて、佐世保、王子、三里塚、沖縄、全共闘運動と、学生運動・反戦運動が高揚。それによって高校生も、政治的・社会的な関心を持つようになり、運動が拡大していった）が、僕の場合、その後の日大闘争など全国に広がった学園闘争については、まだテレビや新聞で見るのみで参加はしていなかった。

では、なぜ東大闘争に衝撃を受けたのかというと、安田講堂が陥落する直前、防衛隊長であった東大医学部の今井澄夫という人が、時計台から「日本の全学生へ」という演説をして、それにとても感銘を受けたからだ（時計台放送の最後のメッセージ「我々の闘いは勝利だった。全国の学生、市民、労働者の皆さん、我々の闘いは決して終わったのではなく、我々に代わって闘う同志の諸君が、再び解放講堂から時計台放送を真に再開する日まで、一時この放送を中止します」は今井によるものと言われる）。その歴史的な言葉を聞いているうちに、どういうわけだかいてもたってもいられなくなってしまった。

そして「僕も御茶ノ水まで支援に行かなきゃ！」と思い立ち、翌日さっそく高校のクラスの同級生だった今村豊と駆けつけてみた。確かその日は休日で、東大闘争支援の街頭行動が予定されていたからなのだが、もうすでに阻止隊の防衛線が張られており、学生たちは催涙ガスに追われ、投石を繰り返すものの本郷界隈には辿り着けなかった。当然、僕らふたりもあちこち逃げ回るだけで1日が終わった。それでも、そこからは一気に転げ込むように運動へと入っていくことになる。

当時、高校生の活動グループというと、中核系の反戦高協（反戦高校生協議会）、革マル系の反戦高連、解放派系の反帝高評、共産同系の社学同高委など、それぞれ新左翼各派が高校生を組織化していた。國學院高校にも反戦高連のほか、幾つかの党派に影響された学生がいてオルグをしていた。

僕は、今村の友人で同級生だった篠根肇《はじめ》という学生から、高協の小野直樹を紹介されて、「今度の2月11日、紀元節反対の集会を都内で開くからいっしょに参加しよう」と誘われ、3人で赤坂の清水谷公園に出かけた。

公園では、赤・白・青・黒とヘルメットをかぶった高校生があちこちにたむろして集会を開き、それぞれ小競り合いしながらワッショイワッショイとやっている。そのうち統一集会がはじまり、やがてデモ行進へと移った。僕らは小野のグループの隊列に入り、どこからかまわってきたヘルメットをつけて街頭に繰り出した。

はじめてのデモなのでよく覚えているのだが、虎ノ門を過ぎたあたりで、我々のいる反戦高協の隊列が先頭でジグザグ・デモをはじめたのをきっかけに、隊列の横にいた機動隊が規制に入って、気がつけば隊列は分断され、僕は機動隊にヘルメットを飛ばされて道路上から歩道に押し出された。慌てて「隊列を整えろ!」という声に従い、路上のデモ隊列に戻ったが、そこはなんと革マル系の列。そのまま仕方なく解散地までいっしょに行ったが、ヘルメットを紛失していたからよかったものの、ちょっとひやひやモノだった。ヘルメットがそのままだったら、一発で革マルじゃないことがバレていたわけだから。

だいたい、中核と革マルの違いもわからず、マルクスもレーニンも知らない初心《うぶ》な高校生が、唐突に今井澄夫の演説に感化されて参加しただけであって、最初に加わった隊列も、たまたま友人が高協に参加してたからという理由のみで並んだもの。要するに、一般の学生は政治的な関心を持ったとしても、しっかりした思想があったりするわけではなく、単に人間関係でどこかの党派に入ることになるから、友だちが革マル系のグループなら革マルになってただろうし、僕の場合は中核系の人間が知り合いだったので、それに引っ張られただけだ。それほど意識的に選んだわけではない。きっと当時の高校生ではそういう人が多かったと思う。

運動にだって、かっこよさとか美しさが必要だろ?

そんな感じで、とにもかくにも激動の学生生活がはじまり、『共産党宣言』（マルクスとエンゲルス）の勉強会をしたり、高校内での運動を若干やってみたりはしたのだが、4・28闘争のように高校生も過激な活動をしはじめると、仲間がどんどん逮捕され、校内に生徒が数人しかいなくなってしまう。そのうち受験もあり、大学に行くにはおとなしくしていなきゃならなくなった。國學院大学には推薦入学だから、ある程度の点数を取れば入れたけれど、高校紛争でちょっと危うくなったりはした。

大学に入ってみると、國學院大学の自治会は早稲田と同じ革マル派の全学連が牛耳っている。入学直前に革マルと全共闘の内ゲバがあり、革マルと対立関係にある連中はみんな学外に追い出されていた。僕や高校時代からの仲間を含め、革マル系じゃない人たちは隅に追いやられる形になったので、青山学院に亡命政権を作った人たちと連携しながら何ができるかを考えた。

そんな状況で、なんとか自分にもやれそうだと思ったのが「べ平連（ベトナムに平和を！市民連合）」の活動で、大学内に仲間たちとべ平連の旗を揚げることになった。小田実が代表を務めるべ平連は、日本的な活動家や組合とは別に、戦争に反対する市民たちを何万人も集めるような団体で、それの大学版を作ったんだ。

1968年くらいから、ベトナム反戦と重なる形で英米のロックが入ってきて、高校から大学にかけてそれらと接してきたことで、欧米ではミュージシャンが「音楽で社会が変わる」と真面目に発言していることは知っていた。アメリカでも学校内でロック・フェスみたいなことが開催され、ニール・ヤングが出演したりとかもよくあることだったのに、日本の運動は闘争一辺倒で、音楽とか文化とかは置き去りな印象が強い。実際、運動して

大学のサークル「國學院日本問題研究会」合宿（前列左が著者）。

大学の学園祭でDJ。

いる中で音楽と接している人間は自分の周囲には誰もいなかった。

ひたすら一面的に「社会を変えるには革命だ、とにかく武力闘争しかない！」と思い込んでしまう人たちを見ていると、「いや、機動隊を殲滅したって何か変わるの？」という気持ちになった。そうやって客観的に物を見てる人間として、温度差はあったんじゃないかと思う。

当時の日本に台頭してきた中間層の人間であり、それなりに裕福で遊ぶ金もあったし、何より祖父に育てられて、家に音楽環境があったことが大きかった。昔で言えば「遊び人」ということになるのかもしれない。ヒッピーにはなりきれなかったけれど、いわゆるロングヘアーでベルボトムというロック的なファッションに身を包み、都会の真ん中でTシャツにロンドンブーツを履いて、肩で風を切ってロック喫茶へ行ったりなんかして、そこで政治的な議論をしたりしているようなグループの一員。真面目すぎる左翼のことを決してダセエとまでは思ってなかったけど、「我々のセンスは少し違う」みたいなことは感じていたかもしれない。

大学では自治会は革マル派が仕切っていたけれど、文化祭では自主企画を出し、頭脳警察や四人囃子、あんぜんバンドのようなメッセージを持ったロック・バンドを呼んだりするようになっていったわけだ。

そこからはじまって、ロッキング・オン、ワンステップ・フェス、内田裕也マネージャー、アトミック・カフェ、都議会議員、フジロックと、やってきたことはなんだかみんなつながってしまっている。

裕也さんのマネージャーをしたからではないけど、「人生ロックンロール」だね。ずっとどう転ぶかわからない人生を送ってきたから。プロ市民でもなし、政治家でもなし、イベンターでもなし、なんだろう。永遠のアマチュアでもないか。でも人生の終わり近くまで政治や市民活動からは離れられないと思う。

あとがき

少年時代、「トロイの遺跡」を発掘したハインリッヒ・シュリーマンに憧れ、考古学者になりたいと思った。以来、歴史学者か歴史の教師か漠然と自分の未来を夢見たが、学生運動とロック・ミュージックに出会い、今の自分がある。コロナ・パンデミックと気候クライシスという現実社会の中で、脱原発・脱炭素社会の実現まであと何十年かかるかわからないが、今を生きる世代の皆さんに、僕のつたない本書が人生の参考になれたらうれしいと思う。

本書は当初、自費出版の自伝として出す予定でいた。僕が「アトミック・カフェ」でお世話になった市民科学者・高木仁三郎さんの著作を多く出版している会社からだ。でも、その社長が急死したことにより、どうするかとなった時、編集とりまとめ役の元ロッキング・オン編集長の増井修君から、どうせならもっとポップに様々な時代の体験者の記録として出したらどうかという案が出て、この本が完成した。まとめるにあたってお世話になった鈴木喜之君、そしてイースト・プレスの圓尾公佑さんにもお礼を申し上げたい。

当然、人生70年のある断面を語ることしかできていない。登場する関係各位の中には、「大久保、そこは事実と違うよ」と言われる場面もあるかと思う。失礼な面があったらお許し願いたい。

何度も言うようだが、僕は「確定された人生」を生きてこなかった。ある意味、それぞれの時代に出会った親しき友人たちの影響で自分の存在位置を決めてきたと言えるかもしれない。「日常」と「非日常」を楽しみながら生きてきた。その原点は祖父・西宮安一郎の存在だったと思う。「自由」「人権」「民主主義」といった普遍的価値の大切さを教えてくれた祖父にこの本を捧げたい。

大久保青志　年表

1951　4月25日、東京・芝新橋に生まれる
1952　両親離婚、祖父母の元、神谷町で育つ
1958　神奈川県川崎市立東住吉小学校入学
1959　**内田裕也デビュー**
1964　東京都目黒区立第十一中学校入学
1966　國學院高校入学／**ビートルズ来日公演**
1967　内田裕也とザ・フラワーズ結成
1969　**東大闘争**／はじめてデモに参加（反戦高校生協議会）／**あんぜんバンド結成**／**第1回中津川フォーク・ジャンボリー**（8月9日）／**ウッドストック・フェスティバル**（8月15日〜17日）
1970　國學院大学史学科入学／**ウラワ・ロックンロール・センター発足**
1971　**日本語ロック論争**／**四人囃子結成**
1972　音楽雑誌『ロッキング・オン』創刊同人
1973　スナフキン結成／学園祭に荒井由実をブッキング／國學院大学史学科中退
1974　郡山ワンステップ・フェスティバル（8月4日〜10日）
1975　内田裕也のマネージャーに／ワールド・ロック・フェスティバル開催／**キャロル解散ライヴ**（日比谷野外音楽堂）
1976　フランク・ザッパ来日／**保坂展人、青生舎立ち上げ**
1977　**内田裕也、大麻所持で逮捕**／ロッキング・オンに復帰
1978　バースデーソング出版の社長就任／松村雄策のマネージャーに
1981　**第1回グラストンベリー・フェスティバル**
1982　**映画『アトミック・カフェ』公開**
1983　映画『アトミック・カフェ』日本公開／**日高正博がスマッシュ設立**／**ウドー襲撃で内田裕也逮捕**／**辻元清美らがピースボート立ち上げ**
1984　8月4日、第1回アトミック・カフェ・ミュージック・フェスティバル（ACF）開催、尾崎豊や浜田省吾などが出演（日比谷野外音楽堂）
1985　第2回ACF（日比谷野外音楽堂）
1986　**チェルノブイリ原発事故**／デビュー前のザ・ブルーハーツがアトミック・カフェ出演（新宿

1987　LOFT）／レーベン企画設立
最後のACF（よみうりランドEAST）／ロッキング・オン退社／衆議院議員・土井たか子の市民秘書に
1988　**RCサクセション『COVERS』発売**
1989　東京都議会議員トップ当選／**ベルリンの壁崩壊**
1990　**湾岸戦争**
1991　内田裕也が都知事選出馬
1992　ボーイズアンビション設立
1993　都議選落選
1994　参議院議員・國弘正雄の政策秘書に
1995　新党「平和市民」立ち上げ
1997　**第1回フジロック・フェスティバル**（天神山）／「市民の声・東京」設立／都議選落選
1998　衆議院議員・保坂展人の政策秘書に
1999　**第3回フジロック**（苗場へ）
2000　フジロックにてNGOヴィレッジ村長を務める
2004　**新潟県中越地震**
2006　**第1次安倍内閣**／**坂本龍一が「stop rokkasho」スタート**
2009　衆議院議員・辻元清美の政策秘書に
2010　レーベン企画に入社
2011　**東日本大震災**／フジロックでアトミック・カフェ再開、YMOほか出演／世田谷区長・保坂展人の後援会スタッフに
2012　「さようなら原発10万人集会」（7月16日、代々木公園）／アトミック・カフェの司会に津田大介を起用
2013　レーベン企画の社長に／アトミック・カフェに東浩紀ほか出演
2014　アトミック・カフェに後藤正文、田原総一朗ほか出演
2015　**安保法制反対デモ、国会前に12万人が集まる**（8月30日）／**平和安全法制が可決**
2016　アトミック・カフェに遠藤ミチロウ、奥田愛基（当時SEALDs）ほか出演
2017　アトミック・カフェに坂口恭平ほか出演
2018　レーベン企画の社長を退任
2019　**内田裕也逝去**／アトミック・カフェに玉城デニー沖縄県知事、宮台真司ほか出演
2020　**コロナ禍によりフジロック延期**（アトミック・カフェはオンライン開催）

企画・構成　増井 修
執筆協力　鈴木喜之
編集　圓尾公佑
写真　今井 明
小野田麻里
著者私物
装丁　川名 潤
DTP　小林寛子
協力　株式会社スマッシュ
有限会社ネオローグ
株式会社レーベン企画

フェスとデモを進化《しんか》させる
「音楽《おんがく》に政治《せいじ》を持《も》ち込《こ》むな」ってなんだ!?

2021年4月25日　初版第1刷発行

著者　大久保青志《おおくぼせいし》

発行人　永田和泉
発行所　株式会社イースト・プレス
東京都千代田区神田神保町2-4-7
久月神田ビル
TEL 03-5213-4700
FAX 03-5213-4701
https://www.eastpress.co.jp/

印刷所　中央精版印刷株式会社

ISBN978-4-7816-1967-5